50
IDEAS
PARA HACER
TU CASA Y TU
JARDÍN MÁS
ECOLÓGICOS

ACERCA
DE LA AUTORA

Siân Berry ha sido la candidata a la alcaldía de Londres por el Partido Verde en las elecciones de 2008, así como la fundadora del grupo activista Alliance Against Urban 4x4s (Alianza contra los Todoterrenos en Zonas Urbanas).

Asimismo, es una firme defensora de las energías renovables y el consumo de productos locales.

Ingeniera de formación, ha desarrollado su trayectoria profesional en el campo de las comunicaciones, en especial en todo lo relacionado con la ecología, en concreto en todas aquellas medidas que los ciudadanos podemos adoptar desde ya mismo para mejorar las cosas, así como en las tareas que los gobiernos deben llevar a cabo para que todos podamos llevar de forma sencilla una vida más ecológica.

En su condición de reconocida figura del Partido Verde británico, Siân disfruta de una amplia cobertura en los periódicos nacionales e internacionales y ha participado en numerosos programas de radio y televisión. Su convincente defensa del medio ambiente ha dado pie a un apasionado debate público sobre el uso de los vehículos todoterreno y ha contribuido a que la protección del medio ambiente se haya convertido en un tema candente de la opinión pública británica.

50
IDEAS
PARA HACER
TU CASA Y TU
JARDÍN MÁS
ECOLÓGICOS

BLUME   **SIÂN BERRY**

BLUME

Título original:
50 Ways to make your House & Garden Greener

Traducción:
Eva María Cantenys Félez

**Revisión y adaptación de la edición
en lengua española:**
Teresa Llobet Solé
Licenciada en Geografía e Historia
Diplomada en Medio Ambiente
Especialista en sistemas de información geográfica

**Coordinación de la edición
en lengua española:**
Cristina Rodríguez Fischer

Primera edición en lengua española 2009

© 2009 Naturart, S.A. Editado por BLUME
Av. Mare de Déu de Lorda, 20
08034 Barcelona
Tel. 93 205 40 00   Fax 93 205 14 41
e-mail: info@blume.net
© 2007 Kyle Cathie Limited, Londres
© 2007 del texto Siân Berry
© 2007 de las ilustraciones Aaron Blecha

I.S.B.N.: 978-84-8076-816-0

Impreso en Italia

CONSULTE EL CATÁLOGO DE PUBLICACIONES ON LINE
WWW.BLUME.NET

Impreso en papel 100% reciclado

¿DE QUÉ SIRVE UNA HERMOSA CASA SI NO TENEMOS UN PLANETA EN CONDICIONES DONDE EDIFICARLA?

Henry David Thoreau

50 IDEAS...

Esta serie de libros describe una gran variedad de maneras de llevar una vida más ecológica, con independencia del lugar donde nos encontremos: en casa, en el jardín, en una tienda, en el trabajo e, incluso, cuando nos desplazamos. Cada libro contiene cincuenta consejos sencillos, asequibles y creativos que te ayudarán a vivir en este planeta de una forma más ecológica.

Hay muchas maneras de ser ecológico que no requieren una importante inversión de dinero, tiempo, esfuerzo ni espacio. Por otro lado, ahorrar energía también te ayuda a ahorrar dinero, ya que los productos que son respetuosos con el medio ambiente no tienen por qué ser caros ni el último grito en tecnología.

Un jardín de cualquier tamaño —o incluso una de esas jardineras que se colocan en el alféizar de una ventana— permite dar cobijo a una gran diversidad de vida animal, al tiempo que proporciona unas cosechas tan sabrosas como fáciles de obtener y que además permiten ahorrar dinero, ya que no necesitas adquirir frutas ni verduras de importación. Y aquellos que vivimos en las ciudades deberíamos tener presente que la vida urbana permite llevar algunos de los estilos de vida que emiten menos dióxido de carbono.

La serie titulada *50 ideas...* ha sido escrita por Siân Berry; candidata del Partido Verde a la alcaldía de Londres en las elecciones de 2008 y fundadora del destacado grupo activista Alliance Against Urban 4x4s. En los libros que conforman dicha serie nos muestra de qué modo podemos reducir nuestras emisiones de dióxido de carbono, estar a la última moda y disfrutar de la vida sin necesidad de realizar grandes sacrificios:

«Ser ecológico no consiste en renunciar a todos los avances de nuestro tiempo, sino en utilizar las cosas de manera inteligente y creativa con el fin de reducir nuestra emisión de residuos. En estos libros, mi objetivo es mostrarte que todo el mundo puede llevar una vida más ecológica sin necesidad de sufrir molestias.»

INTRODUCCIÓN

En calidad de miembro del Partido Verde, estoy trabajando para realizar toda una serie de grandes cambios en el modo en que nuestra sociedad funciona. Mi objetivo es conseguir que las opciones más ecológicas sean las más sencillas y económicas para todos.

Pero la gente no quiere esperar: quiere ayudar a combatir el cambio climático y a mejorar el medio ambiente ahora. Los consejos que encuentra en la prensa y la televisión son a menudo contradictorios y confusos, por lo que exige información fiable.

A menudo, amigos, colegas y gente en general me piden por la calle consejos sobre cómo vivir de una manera más ecológica. De modo que, en este libro, he recopilado 50 de las cosas más útiles que puedes hacer a día de hoy en tu hogar y en tu jardín para que tengan un impacto positivo sobre el planeta.

Este libro no es una lista de la compra con artículos nuevos y flamantes, así como tampoco es un sermón repleto de cosas a las que tendrás que renunciar. En realidad, lo único que pretendo con él es invitarte a probar cosas nuevas e interesantes.

Sigue los consejos que puedas y no te sientas culpable por los que no puedas seguir. Allí donde llevar una vida lo más ecológica posible encuentra trabas es donde se necesitan activistas y políticos que tomen medidas para eliminarlas, así que hazlo saber (o incluso inicia una campaña activista tú mismo) si tus esfuerzos con el medio ambiente topan con impedimentos.

A la hora de escoger mis consejos favoritos para el hogar y el jardín, me he centrado en las cosas que tienen un mayor impacto, que son divertidas y fáciles de hacer, y que aportan otros beneficios. Estoy convencida de que muchos de estos consejos te permitirán ahorrar tiempo y dinero, con lo que salvar el planeta se convertirá en toda una ventaja para ti y los tuyos.

CÓMO SER MÁS ECOLÓGICO EN EL HOGAR

La mayor parte de la energía que se utiliza en el hogar, que se suma al coste de nuestras facturas y nuestras emisiones de dióxido de carbono, tiene por objeto calentar y refrigerar los espacios interiores. De hecho, más de cuatro quintas partes del gas y de la electricidad que utilizamos se consume sólo con este fin.

Para reducir nuestro impacto sobre el planeta, mantenernos calientes utilizando menos energía es la acción más importante que podemos llevar a cabo; por eso, el capítulo que trata de la calefacción y la refrigeración es el primero de esta sección.

Pero hay también multitud de pequeñas acciones que marcan la diferencia. Buena parte de la energía que consumimos en nuestra vida cotidiana simplemente se desperdicia en lugar de aprovecharse. Estos pequeños despilfarros se pueden solucionar sin mayores problemas, con lo que en nuestras manos está reducir la cantidad de emisiones que generamos.

Si pudiéramos ver las emisiones de dióxido de carbono, se parecerían a la basura esparcida en un parque. Hay desperdicios voluminosos que se pueden ver a simple vista, como ese carro de supermercado abandonado, pero cada pequeña porción de basura es, de hecho, parte del problema y contribuye a que el lugar presente un aspecto descuidado.

Reducir las emisiones de dióxido de carbono de tu hogar vendría a ser como recoger esa basura, aunque, desde luego, ¡resulta mucho más divertido! Puede que necesites ayuda para solucionar los desperdicios más voluminosos que suponen un mayor despilfarro de energía, pero recuerda que ésta se despilfarra por toda la casa en multitud de formas, y todas ellas merece la pena solucionarlas.

CALEFACCIÓN Y REFRIGERACIÓN

Mantener nuestros hogares caldeados en invierno y frescos en verano crea una gran proporción de nuestras emisiones de dióxido de carbono. Hay muchas formas sencillas de ahorrar utilizando métodos tanto naturales como de última tecnología.

Uno de los pioneros del ahorro de energía, Amory Lovins, fundador del Rocky Mountain Institute en Estados Unidos, diseñó una de las viviendas más eficientes del mundo desde el punto de vista energético en la década de 1980.

Las paredes de su casa están bien aisladas, ya que son muros con cámara de aire de 40 cm rellena de espuma, y en el techo hay otras cámaras de aire de 20 a 30 cm rellenas, asimismo, de espuma. Las ventanas tienen doble cristal provisto con una película reflectante del calor, y el sistema de ventilación permite recuperar el calor, de modo que la vivienda no necesita utilizar ningún sistema artificial de calefacción.

El doctor Lovins dice que puede compensar la pérdida total de calor de 100 W de su hogar «jugando con mi perro, que genera unos 50 W de calor, ajustable a 100 W si le tiras una pelota».

No tener que pagar facturas de gas ni electricidad es muy interesante y, aunque no puedas construirte una casa ecológica de última generación desde cero, puedes hacer mucho con una casa vieja o un apartamento aprovechando las corrientes de aire para reducir las emisiones de dióxido de carbono y, de paso, ahorrarte un montón de dinero. Al fin y al cabo, ahorrar energía es mucho más barato que comprarla.

1 AÍSLA TU HOGAR

La eficiencia energética de las viviendas nuevas varía de forma muy notable en todo el mundo. Los países más fríos, como Suecia, tienen los niveles más altos de aislamiento, pero en regiones templadas, como el Reino Unido, los estándares de construcción son unos de los peores del mundo.

De hecho, los hogares británicos actuales pierden alrededor de la mitad del calor a través de los techos y las paredes, de tal manera que se puede ahorrar de modo espectacular con un aislamiento mejorado.

El aislamiento del desván permite ahorrar un tercio de los costes de calefacción. Si simplemente rellenas los muros con cámaras de aire puedes reducir la pérdida en un 60%, y es tan económico de instalar que recuperas la inversión en un año o dos.

Los muros sólidos, sin cámara de aire, son mucho más caros de tratar, ya que el material se debe instalar por la parte exterior de la casa, o bien colocando paneles en la parte interna de los muros exteriores.

Sin embargo, aislar la vivienda representa mucho más que una simple diferencia en las facturas, de modo que busca subvenciones y ofertas especiales de las diferentes administraciones, así como de las propias compañías eléctricas, para que te ayuden a sufragar los costes del aislamiento.

Controlar las corrientes de aire de las puertas y ventanas

Éstos pueden ser los puntos débiles en el aislamiento de una vivienda. En las casas viejas, más de una quinta parte de la pérdida de calor suele deberse a las corrientes de aire, por lo que un simple rollo de burlete hermetizante constituye una forma tan fácil como económica de reducir la pérdida de calor. No te olvides del buzón, por el que puede entrar una ráfaga de aire frío en el vestíbulo si no lleva un cepillo aislante incorporado.

¿Por qué no cuelgas una cortina delante de una puerta exterior para conseguir aislamiento extra? Una tela con mucho cuerpo y caída contribuye a aportar una atmósfera medieval a un vestíbulo, y un estampado moderno permite añadir espectacularidad a la cocina. Más allá de las consideraciones climáticas, tendrá en cualquier caso un aspecto mucho más atractivo que una puerta lisa.

Otro 20% del calor se suele perder a través de las ventanas de un solo cristal. En este sentido, un doble acristalamiento permite reducir la pérdida de calor en más de la mitad, y hoy en día se pueden encontrar, además del nada atractivo modelo de PVC blanco, con marcos de madera que se ajustan a todo tipo de ventanas.

Por alguna razón, muchos radiadores (incluido el mío) se suelen colocar debajo de las ventanas, lo que hace que se escape buena parte del calor a través de las corrientes de aire y las rendijas. Si es también tu caso, evita colgar cortinas largas delante de ellos para no empeorar las cosas.

2 BAJA EL TERMOSTATO

Es fácil regular el termostato a una temperatura demasiado alta.
Entras en casa en un día frío con las manos heladas y quieres calentarte
lo antes posible, así que subes el termostato uno o dos grados
y después lo dejas a la misma temperatura durante días.

En realidad, bajar la calefacción es casi siempre el primer paso
que tenemos que dar si deseamos reducir el consumo energético
de nuestro hogar. Además, es fácil, instantáneo y ahorra dinero. He aquí
un dato indiscutible: bajar el termostato en un grado supone ahorrarse
el 10% de la factura de calefacción.

Veinte grados son suficientes para que la temperatura ambiente sea
confortable, y si estás haciendo cosas, incluso con menos temperatura
se está bien. Si permaneces sentado viendo la televisión por la noche,
tápate bien con una manta o colcha en lugar de levantarte a subir
la calefacción a la mínima que sientas frío.

Prueba mi consejo extra de bajar la calefacción cuando salgas de casa.
A mi gato no parece importarle.

Y no te olvides del agua. Si la caldera tiene termostato, 60 °C es más que
suficiente para disponer de agua caliente con la que ducharse y lavar
los platos.

CALEFACCIÓN SOLAR 3

No necesitas paneles de formas caprichosas en el tejado para calentar el hogar aprovechando la energía solar.

Incluso en invierno, la luz del sol que atraviesa las ventanas puede marcar una diferencia de varios grados en la temperatura. Si no, ¿cómo podrían sobrevivir a los meses fríos las plantas más débiles en un invernadero?

Teniendo esto en cuenta, se construyen nuevas casas con ventanas más grandes en los muros orientados al sur y un número reducido de ventanas más pequeñas en los muros orientados al norte.

Puedes obtener el máximo beneficio del sol descorriendo las cortinas de las ventanas orientadas al sur o al este tan pronto como te levantes por la mañana. Esta acción tan sencilla elevará la temperatura de forma natural y ahorrará trabajo a la calefacción.

4 CALENTAMIENTO SOLAR DEL AGUA

Los sistemas que permiten calentar el agua a través de la energía solar son una de las maneras más ventajosas de aprovechar la energía del sol en el hogar. Los paneles en el techo no generan electricidad, sino que capturan el calor del sol y lo transfieren a un tanque de agua a través de un intercambiador de calor.

Hoy en día son muy comunes en los países cálidos, donde los apartamentos de vacaciones a menudo tienen instalados estos sistemas. Pero, incluso en zonas menos soleadas, igualmente permiten ahorrarse una enorme cantidad de energía. Hay veintiún millones de hogares sólo en el Reino Unido que podrían calentar el agua a través de energía solar.

Un sistema bien diseñado puede durar veinte años, y sin duda ayuda a reducir la factura de energía al proporcionar hasta 2000 kWh al año, cantidad suficiente para cubrir la mitad de las necesidades de agua caliente de una familia de cuatro miembros.

Si quieres utilizar energía solar, pero sin gastarte una fortuna, este sistema constituye una opción ideal. Además, tal como sucede con otros tipos de energía renovable, a menudo hay subvenciones disponibles que ayudan a sufragar los costes.

REFRIGERACIÓN SIN ELECTRICIDAD 5

A medida que el cambio climático hace que los extremos de temperatura sean más comunes, el aire acondicionado se vuelve cada vez más popular. Pero cerrar todas las puertas y depender de un aparato de refrigeración devorador de energía para estar cómodo no es ni mucho menos la única solución que existe. De hecho, basta con abrir puertas y ventanas de forma estratégica por toda la casa para ventilar el hogar eficazmente y mantener la temperatura baja.

Abre las ventanas en todas las plantas, pues a medida que el aire caliente escapa de la parte superior de la casa empuja hacia adentro el aire frío por la parte inferior, lo que da lugar a un eficaz ciclo de refrigeración.

Si vives en un apartamento o en una casa de una sola planta, también puedes utilizar las ventanas para aprovechar este efecto. Hay muchos tipos de ventanas que se pueden abrir para crear una abertura en la parte superior e inferior del marco de la ventana: el flujo de aire resultante es una excelente forma de refrigerar una habitación. En efecto, al crear unas aberturas más o menos del mismo tamaño, se crea una corriente, donde el aire caliente sale hacia afuera en la parte superior y el aire más frío entra hacia adentro en la parte inferior.

AIRE CALIENTE HACIA AFUERA

AIRE FRÍO HACIA ADENTRO

Si dejas las ventanas en esta posición durante toda la noche es incluso mejor, ya que así se enfrían las paredes y el resto de la habitación, que a lo largo del día siguiente volverán a absorber el calor.

AHORRO DE ELECTRICIDAD

John Lennon bien podría haber dicho: «No hay nada que puedas hacer que no pueda hacerse..., mientras consumes electricidad al mismo tiempo». Hace poco visité a mi hermana y, cuando le pedí un vaso de agua, me indicó un refrigerador de agua, y descubrí que este aparato no sólo consumía electricidad para enfriar el agua, sino que además había que presionar un botón para que la electricidad pudiera bombear el agua en un fino chorro hasta el vaso, lo que, dicho sea de paso, tardó una eternidad. Es cierto que el agua estaba muy fría, pero ¿qué hay de malo en la que sale del grifo?

Muchos aparatos electrónicos están diseñados para dejarlos siempre en modo de reposo, a la espera de que los utilicemos. Lo curioso del caso es que algunos de ellos están tan mal diseñados que consumen casi la misma cantidad de electricidad en modo de reposo que cuando están a plena potencia.

Cada vez más aparatos necesitan cargarse en la red eléctrica, y estos adaptadores, en particular los de los teléfonos móviles, a menudo se dejan siempre enchufados.

Aunque la eficiencia de los principales electrodomésticos ha ido mejorando sin cesar, el consumo de electricidad de los aparatos en un hogar medio se ha incrementado en más de un 50 % en los últimos treinta años, debido a que hoy en día tenemos muchas más cosas que necesitan enchufarse a la red eléctrica.

Este despropósito no tiene por qué continuar así si utilizamos de una manera más eficaz la electricidad. Y esto no significa que debamos renunciar a los aparatos útiles, sino sólo reducir la electricidad que malgastamos. Si somos más conscientes de la electricidad que despilfarramos, todos podremos ahorrar dinero en nuestras facturas, además de reducir el daño sobre el clima provocado por todas esas centrales eléctricas.

6 APARATOS INNECESARIOS

Según las encuestas, comparado con la década de 1970, el número de aparatos eléctricos en un hogar medio se ha incrementado de un 17% a un 37%.

Algunos de los nuevos aparatos que tengo en casa me facilitan cosas a las que no querría renunciar, tales como proporcionar acceso Wi-Fi o reproducir DVD. Pero lo cierto es que mucha gente deja de usar los aparatos en cuestión después de haberlos utilizado sólo unas pocas veces; buena prueba de ello es que muchos aparatos eléctricos que se regalan por Navidad nunca llegan a utilizarse.

Aparatos como las lavadoras son sin duda máquinas que ahorran trabajo, pero hay otros muchos electrodomésticos que sencillamente traen más problemas que ventajas. Con un poco de práctica es mucho más rápido utilizar un cuchillo para cortar una col en tiras que sacar la batidora-picadora multiusos, enchufarla, encontrar los accesorios apropiados y, por último, introducir la hortaliza en el tubo.

De hecho, las batidoras-picadoras han estado en la lista de la compra de los consumidores durante años, pero una moda más reciente son las neveras pequeñas tipo minibar. Los sondeos muestran que la mayoría sólo se llenan de productos durante un corto período debido al carácter novedoso del aparato en cuestión. Al poco, muchas se dejan encendidas durante meses sin prácticamente nada dentro, lo que contribuye a inflar la factura de electricidad mientras no refrigeran nada.

Di no a los aparatos innecesarios y ahorrarás tiempo, problemas y espacio en el desván.

7 CONSUMO DE ENERGÍA

La tabla inferior muestra la electricidad que consumen los diferentes tipos de aparatos eléctricos del hogar.

Los aparatos electrónicos son los consumidores de electricidad con un crecimiento más rápido, y se espera que superen a los más grandes consumidores de la actualidad: los electrodomésticos de la gama de frío, tales como frigoríficos y congeladores.

Los electrodomésticos de la cocina son responsables de, al menos, la mitad del consumo de electricidad del hogar.

Otros, como ordenadores, aspiradoras — 21%

Electrodomésticos de la gama de frío, como neveras y congeladores — 18%

Cocinas y aparatos de cocina — 15%

Aparatos electrónicos, como televisores, reproductores de DVD, música, juegos — 16%

Aparatos de iluminación — 16%

Electrodomésticos de la gama de agua, como lavadoras — 14%

Elige los electrodomésticos con sensatez

Cuando compres electrodomésticos grandes, verifica su consumo de energía antes de comprarlos. Muchas tiendas indican en grandes carteles expuestos a la vista del público las características energéticas de los diferentes electrodomésticos, lo que sin duda está ayudando a muchos de nosotros a elegir los mejores productos de bajo consumo.

Ten cuidado si vas a comprar un nuevo televisor, pues no siempre se indican las características energéticas de estos aparatos, y el consumo de los nuevos modelos grandes suele ser considerable. Así, un televisor de pantalla de plasma puede consumir el doble que el aparato tradicional al que sustituye y, a pesar del aumento de todos los demás tipos de aparatos electrónicos, para el año 2020 se calcula que la mitad de la energía consumida por los electrodomésticos en el hogar se deberá a los televisores de alta potencia.

Pero ahorrar energía no sólo consiste en adquirir los electrodomésticos de mayor eficiencia energética: la forma en que se utilizan también marca una gran diferencia.

Observa el contador

Un artilugio que recomiendo es un dispositivo que se comunica por control remoto con el contador de electricidad con el fin de proporcionarte una lectura inmediata de la electricidad que consume tu hogar. Puedes programarlo para que muestre la energía, el coste o las emisiones de dióxido de carbono de tu suministro de energía eléctrica.

Con uno de estos artilugios ahorrar energía se convierte en una auténtica aventura, puesto que puedes recorrer la casa verificando el impacto en la lectura cuando enciendes los distintos electrodomésticos. Te permite ahorrar, asimismo, mucho dinero.

Cuando adquieres paneles solares, llevan incluido un «contador inteligente» como éste para mostrar la energía que generan.

8 VAMPIROS ELÉCTRICOS

El problema del consumo de energía en modo de reposo suscita gran atención mediática, resultando sorprendente cuántos productos se fabrican sin el conveniente interruptor de encendido/apagado.

Aunque la energía en modo de reposo de cada aparato por separado suele ser baja, el coste total en la factura de electricidad y en el medio ambiente es alto. En Estados Unidos se necesitan doce centrales eléctricas extra para cubrir el consumo de aparatos en modo de reposo.

Los principales devoradores de energía siguen siendo los aparatos electrónicos de consumo, como televisores, reproductores y consolas de videojuegos. Considerando que se trata de unas innovaciones muy recientes, las consolas de videojuegos son unos de los aparatos más despilfarradores. Si no se apagan, se mantienen en modo «reposo», consumiendo prácticamente la misma energía que utilizan en modo «encendido». De ese modo, es como si alguien estuviera jugando a un videojuego las veinticuatro horas del día, un ritmo que le resultaría difícil de mantener hasta a un adolescente adicto a los videojuegos.

La solución es muy sencilla: acostúmbrate a desenchufar los aparatos, ya que es la mejor manera de asegurarte de que no contribuyes a agravar al problema del despilfarro de energía en modo de reposo.

Hazte con cables de conexión que tengan un interruptor para cada enchufe, de modo que puedas apagar cada aparato por separado.

Busca electrodomésticos que tengan un bajo consumo de energía en modo de reposo. Esto suele indicarse en la caja del aparato (busca un consumo en modo de reposo de 1 W o menos).

Desconecta el cargador

Los aparatos inalámbricos que necesitan cargarse con un adaptador externo están aumentando a un ritmo exponencial: en concreto, más de mil millones de cargadores nuevos se fabrican en todo el mundo cada año.

Por un lado, esto podría ser bueno para el medio ambiente, puesto que los aparatos recargables sustituyen a los que funcionaban con pilas tóxicas. Pero muchos cargadores, en particular los de los teléfonos móviles, se suelen dejar conectados a la red eléctrica, donde continúan consumiendo energía todo el tiempo.

Sólo tocándolos lo comprobarás. Los adaptadores desprenden una cantidad considerable de calor, dado que transforman la energía eléctrica de la red de suministro en voltaje de carga, incluso cuando no están recargando un dispositivo.

Un hábito muy fácil de erradicar es el de recargar el teléfono móvil durante toda la noche. Con sólo una hora o dos de carga es suficiente para la mayoría de los modelos, de modo que la energía que se consume durante el resto de la noche se desperdicia. Lo mejor es que conectes el teléfono al cargador tan pronto como llegues a casa por la noche y después lo desconectes antes de irte a la cama.

9 BOMBILLAS DE BAJO CONSUMO

Si en alguna ocasión has cambiado una bombilla de las antiguas, sabrás que, además de luz, desprende muchísimo calor.

La bombilla de luz incandescente se inventó hace más de cien años, y desde entonces los científicos han desarrollado formas mucho más eficientes de producir luz a partir de la electricidad.

Las bombillas fluorescentes funcionan utilizando electricidad, que hace que irradie la capa de fósforo blanco que recubre la pared interior del cristal. Son mucho más eficientes que las bombillas tradicionales (tanto, que cada una de ellas te ahorra más de quince veces su coste entre la factura de la luz y bombillas de recambio durante su vida útil), y además duran mucho más. Cada hogar gasta una media de veintitrés bombillas, así que si las cambias todas por los modelos ahorradores de energía, podrías ahorrarte una gran cantidad de dinero.

Las bombillas fluorescentes compactas contienen pequeñas cantidades de mercurio, de modo que, cuando dejen de funcionar, asegúrate de llevarlas a un centro de reciclaje en lugar de tirarlas a la basura.

Un invento más reciente es el diodo emisor de luz (LED). Se trata de un sencillo componente electrónico que convierte la electricidad directamente en luz. Es de muy bajo consumo y dura diez veces más incluso que las bombillas fluorescentes compactas.

ELECTRICIDAD VERDE

Generar electricidad sin quemar combustibles fósiles será una parte esencial de nuestro futuro, y ya hay toda una serie de maneras diferentes de hacerlo, desde las turbinas eólicas que hace años que funcionan hasta las nuevas tecnologías que aprovechan la energía solar, la mareomotriz y la del oleaje, conocidas como *tecnologías renovables* porque el combustible que utilizan se renueva de forma natural. Ni los combustibles fósiles ni el uranio para generar energía nuclear son renovables y, a la larga, se agotarán.

Algunos países han sido pioneros de la energía verde. En Alemania, fabricaron y compraron la mitad de los paneles solares de todo el mundo en el año 2005 porque el Gobierno se aseguró de que la electricidad producida por la energía solar se adquiriera a un alto precio en el mercado de energía eléctrica. Un respaldo similar a la industria eólica en Dinamarca supone que cuatro de cada diez turbinas eólicas se producen en este país.

Algunas tarifas «verdes», que ofrecen las compañías de electricidad, contribuyen a reinvertir en proyectos de nuevas energías renovables. Y aunque no siempre resulte rentable a corto plazo, generar electricidad en el propio hogar es cada vez más viable a medida que la tecnología se va perfeccionando.

Son varias las tecnologías (algunas nuevas y otras muy antiguas) que se pueden utilizar para conseguir electricidad verde. La energía eólica se viene utilizando desde hace muchos siglos (pensemos en los veleros y los molinos de viento), pero sólo en los últimos años ha contribuido a generar electricidad. También poseen un enorme potencial la energía del oleaje y la mareomotriz, si bien se encuentran todavía en una fase bastante temprana de desarrollo y apenas están empezando a atraer inversiones. La energía solar es otra fuente renovable de energía libre y en zonas del mundo particularmente soleadas puede generar tanta electricidad como una central eléctrica. California, por ejemplo, tiene como objetivo la construcción de un millón de techos solares durante los próximos diez años.

La energía geotérmica también es una firme apuesta en la generación de electricidad. Tomemos, por ejemplo, a Islandia, que tiene gran cantidad de volcanes y obtiene casi una tercera parte de su electricidad de la energía geotérmica. También se puede generar energía eléctrica renovable utilizando biocombustibles (la central eléctrica de Ely, en Inglaterra, quema residuos agrícolas y es la mayor del mundo en su clase).

IO ELECTRICIDAD ECOLÓGICA

No hace mucho tiempo, si contratabas una tarifa «verde», que prometía comprar el 100% de electricidad renovable igual a la cantidad que consumieras, en la página web de la compañía eléctrica podías calcular el coste en emisiones de dióxido de carbono de toda la electricidad que consumías.

Pero resultó no ser tan sencillo. En lugar de favorecer la electricidad ecológica, el Gobierno británico optó por una medida distinta, conocida como *obligación de compra de energías renovables*. Esto significó que todas las compañías eléctricas tuvieron que comprar una proporción de su electricidad a generadores de energía renovable.

Al imponer esta medida, es posible que la gente que contrate tarifas «verdes» no marque ninguna diferencia en la cantidad de energía renovable que se produce. Esto es así porque algunas compañías eléctricas simplemente asignan la energía verde que tienen que comprar bajo la obligación de compra de energías renovables a las cuentas de electricidad de estos clientes.

Elegir la tarifa verde adecuada

Es importante verificar lo que la compañía eléctrica hace para convertir tu dinero en nuevos paneles solares y turbinas eólicas. Algunas empresas invierten parte de tu dinero directamente en nuevos proyectos, mientras que otras no consideran una determinada cantidad de tu electricidad verde como parte de la obligación de compra de energías renovables.

GENERA TU PROPIA ENERGÍA

Los proyectos de energía verde, tanto a grande como a pequeña escala, serán esenciales a la hora de garantizar nuestras necesidades de electricidad en el futuro. Al generar energía renovable en casa, puedes reducir la factura de la luz, apoyar la implantación de un nuevo modelo industrial y reducir tus emisiones de dióxido de carbono.

No todas las tecnologías son apropiadas para los diversos tipos de viviendas, de modo que es conveniente que busques el consejo de un experto antes de comprar un equipo. Si tienes un gran tejado orientado al sur, puede que los paneles solares te resulten lo más adecuado; o, si vives en la ladera de una colina expuesta a los cuatro vientos, la mejor opción tal vez sería una pequeña turbina eólica.

Las diferentes administraciones conceden subvenciones para instalar energía renovable en el hogar, aunque no suele ser fácil conseguirlas.

AHORRA ENERGÍA
EN LA COCINA

El uso de los aparatos para cocinar, combinados con los de frío y de agua,
como las neveras y las lavadoras, suman casi la mitad del consumo de electricidad
en nuestros hogares.

Por lo tanto, la cocina es un magnífico lugar donde encontrar soluciones para ahorrar
energía, y puedes hacer mucho más que simplemente comprar electrodomésticos
de bajo consumo. Muchas de las mejores soluciones consisten en cambiar el uso
que hacemos de nuestros electrodomésticos y cómo los cuidamos.

Cuanto más inteligentes sean los elementos incorporados en los aparatos electrónicos,
mayor es el peligro de que consuman energía incluso cuando no los estemos utilizando.

El soporte de las jarras hervidoras modernas suele tener una luz indicadora de potencia,
o incluso nuevos parámetros como «mantener caliente», lo que supone que siguen
consumiendo energía tras haber hervido el agua. Esa caprichosa pantalla que muestra
el nivel de agua también podría consumir un flujo constante de electricidad cuando el
hervidor no se está utilizando.

Casi todos los hornos microondas y las tostadoras, además de otros aparatos como
las parrillas y las batidoras-picadoras, tienen temporizadores y pantallas electrónicas
que consumen energía en modo de reposo. Algunas cocinas cuentan incluso
con televisores, de modo que no te olvides de apagarlos también.

12 REFRIGERACIÓN DE LA NEVERA

Junto a la calefacción del hogar, la conservación en frío de productos perecederos es una de las actividades con más intensidad energética de una casa.

La mejor manera de convertir a una nevera en un devorador de energía es dejar la puerta abierta, ya que extrae calor del interior y lo descarga en la cocina: si dejaras abierto el frigorífico y abandonaras la habitación por unas horas, al volver te encontrarías con que, de hecho, habría calentado toda la cocina (no recomiendo poner en práctica este experimento).

Acostúmbrate a pensar lo que quieres sacar de la nevera antes de abrir la puerta en lugar de planificar la comida mientras el motor del frigorífico trabaja a marchas aceleradas.

Otro artefacto útil y económico es un enchufe ahorrador de electricidad en sustitución del enchufe normal del frigorífico. Este sencillo aparato permite reducir el consumo de energía de la bomba de refrigeración del frigorífico.

En un sistema de control de frigorífico sencillo, la bomba trabaja a plena potencia hasta que los efectos se hayan hecho sentir por todo el frigorífico y, entonces, el termostato la apaga. Sin embargo, tener funcionando el motor durante tanto tiempo es innecesario y, en realidad, al final enfriará la nevera por debajo de la temperatura deseable. Tener un enchufe ahorrador de electricidad es como añadir un panel de control más sofisticado a la nevera para evitar una excesiva e innecesaria refrigeración.

Estos enchufes no resultan apropiados para frigoríficos con controles electrónicos (éstos ya son más eficientes) o heladora (no tan útil), de modo que léete la letra pequeña antes de comprar uno.

13 NEVERAS Y CONGELADORES

Prueba estos otros sencillos consejos para que la refrigeración de los alimentos sea respetuosa con el medio ambiente:

• Compra una nevera o un congelador que no sea mayor de lo que necesites.

• No lo coloques cerca de la caldera ni del horno, ya que de lo contrario tendría que trabajar más de lo necesario para enfriar.

• Mantén el congelador lo más lleno posible, pero elimina con regularidad del frigorífico los productos viejos. Estos dos consejos reducen la energía que se precisa para conservar los alimentos a la temperatura correcta.

• Nunca introduzcas alimentos calientes en la nevera o el congelador. Primero espera a que se enfríen a la temperatura ambiente.

• Descongela el frigorífico y el congelador con regularidad, ya que la acumulación de escarcha provoca que disminuyan su eficacia.

• Elimina el polvo de los condensadores en la parte trasera.

• Verifica las juntas de la puerta (un pedazo de papel debería mantenerse entre ambas juntas sin desprenderse aunque se tire de él suavemente). Si en la nevera o el congelador se forma escarcha con frecuencia, puede que sea culpa de las juntas de la puerta (aparte de que te costará una fortuna).

LAVAR Y SECAR

Cuanto más nueva sea tu lavadora, más probable es que se trate de un electrodoméstico eficiente de bajo consumo. Actualmente, en el Reino Unido más del 90 % de las nuevas lavadoras que se venden son de bajo consumo.

No obstante, ese bajo consumo energético (y cualquier otra afirmación de respeto por el medio ambiente que el fabricante pueda proclamar) se basa en el programa de lavado más respetuoso con el medio ambiente que la lavadora incluya, por lo que es muy importante que lo utilices.

Utiliza el programa ecológico

El programa de lavado ahorrador de energía puede que tarde más tiempo en completarse, pero tener que esperar unos veinte minutos más a que termine no tiene por qué representar un problema. Utiliza el programa ecológico siempre que puedas y así sacarás el máximo partido a tu electrodoméstico ecológico.

Llena la lavadora

Los programas de lavado ahorradores de energía también se basan en utilizar la lavadora con la carga completa. Probablemente habrás oído decir que se debe poner la lavadora a carga completa, pero incluso yo me sorprendí al descubrir que, en sentido extricto, una carga completa significa literalmente llenar la lavadora hasta arriba. Aunque creas que es preferible dejar algo de espacio para que la ropa respire, es mucho mejor cargar la lavadora hasta los topes.

No utilices la secadora excepto si es preciso

A menudo secar la ropa en la secadora no es necesario y, de hecho, la mayoría de la gente se las arregla sin una secadora. Sólo dos de cada cinco hogares del Reino Unido tienen una secadora, y sólo la utilizan en la mitad de los lavados.

15 APARATOS DE COCINA

Si alguna vez has utilizado un hornillo de *camping*, ya sabes que al aire libre, en la ladera de una colina barrida por el viento, nunca se te ocurriría intentar hervir agua en un cazo sin tapar. Dejar que todo ese calor se escape implicaría esperar una hora sólo para tomar una simple taza de té, además de que consumirías la mayor parte del combustible.

Puesto que el gasto de energía en la cocina asciende al 15% del total de consumo de electricidad en el hogar, hay muchas posibilidades de ahorrar energía cuando cocinamos. Apliquemos algunos de los principios básicos en un *camping* a nuestras cocinas.

• Utiliza el cazo del tamaño adecuado para la cantidad de comida que vayas a cocinar, así como el quemador del tamaño apropiado para el cazo en cuestión.

• Utiliza una tapa para cubrir las cazuelas con el fin de acelerar la cocción; de este modo, también se consume menos energía.

• No llenes demasiado el cazo de agua, sino justo lo suficiente para que cubra los alimentos, en especial si además utilizas una tapa para evitar la evaporación.

• Utiliza el hervidor para hervir agua, en lugar de calentarla en un cazo.
El único caso en el que es preferible éste último es al hervir huevos
recién sacados de la nevera, ya que se podrían romper al verterles
agua hirviendo encima.

• Llena el hervidor sólo con la cantidad de agua que necesites
en cada ocasión.

• La pasta se cuece sin necesidad de que el agua hierva a temperatura
máxima. Introduce la pasta en agua caliente, lleva de nuevo el agua
a ebullición y, a continuación, apaga el quemador y cubre la cazuela
con una tapa que ajuste bien. Tras el tiempo de cocción normal, la pasta
estará lista para comer.

16 PRODUCTOS DE LA TIERRA

El comercio internacional de alimentos casi se ha triplicado entre la década de 1960 y 1990, de manera que una simple cesta de alimentos frescos viaja más de 160.000 km hasta aterrizar en los estantes del supermercado.

Todos estos kilómetros extra no son debidos a nuestro gusto por los productos exóticos, sino a las leyes comerciales vigentes, cada vez más globalizadas. Las grandes compañías internacionales pueden hacer frente a los elevados costes de transporte y a la vez vender a precios bajos porque pueden producir alimentos en zonas donde la mano de obra es barata y los costes de la agricultura, la ganadería y la pesca son más bajos, así como también porque pueden imponer duras condiciones a los proveedores.

Los activistas ecologistas han denunciado el «gran intercambio alimentario» que tiene lugar dentro de Europa, donde en la actualidad hay muy pocas barreras comerciales: el Reino Unido exporta tanta carne de pollo, cordero y cerdo a Holanda como importa de este mismo país.

El comercio a larga distancia debería reservarse para productos alimenticios que no sean básicos y que no se pueden cultivar en el país. Y lo que importamos debería transportarse por barco en lo posible, ya que el transporte por mar emite aproximadamente cinco veces menos dióxido de carbono que el transporte por carretera, y es más de treinta veces más eficiente que el transporte por avión.

PRODUCTOS ECOLÓGICOS 17

Puesto que los alimentos se cultivan, se cosechan o se recolectan en el medio ambiente, puede haber otros problemas a los que hacer frente, no sólo el coste en las emisiones de dióxido de carbono del transporte.

El propósito de la agricultura ecológica es justamente cultivar alimentos sin pesticidas ni fertilizantes artificiales, y trabajar en equilibrio con la tierra y la fauna silvestre. En muchos países se han introducido medidas para alentar la agricultura ecológica y cada vez es mayor el número de productores ecológicos disponible. Esto es en gran parte consecuencia del aumento de la demanda por parte de los consumidores, ¡así que no bajes el ritmo!

Por otro lado, cuidado con los productos ecológicos que viajan desde largas distancias. Solucionar un problema medioambiental para crear otro peor no es lo que se pretende.

El etiquetado puede resultar asimismo confuso. Siempre me ha parecido curioso que los productos de la tierra no merezcan la misma atención que los ecológicos. Si tienes dudas, confía en tu instinto y consume productos de la tierra y de temporada en lo posible. De este modo, no tendrás que preocuparte por decidir si compras tomates de invernadero del país o tomates ecológicos de lugares remotos.

Por supuesto, también puedes obtener deliciosos alimentos ecológicos de temporada cultivándolos tú mismo. En la sección de jardinería de este libro encontrarás unos estupendos consejos para crear tu propio huerto ecológico.

NO DESPERDICIES COMIDA

Mi madre solía hacerme terminar el plato diciéndome: «¿No sabes que hay niños en el mundo que no tendrán nada para cenar esta noche?». Treinta años después, desgraciadamente esto sigue siendo cierto, si bien hoy en día mi madre podría añadir otra reconvención: «¡No sabes cuánto dióxido de carbono se ha generado para poder producir esta comida!».

La agricultura (incluso la ecológica) utiliza combustibles fósiles para labrar los campos, y todos nuestros alimentos necesitan petróleo para ser transportados a las fábricas, a las tiendas y, después, a nuestras cocinas.

En respuesta a gente como nosotros, que exigimos más información sobre los productos que compramos, las empresas de alimentación intentan calcular el coste en emisiones de dióxido de carbono de sus productos. Así, un fabricante de patatas fritas ha constatado que un paquete de 25 g de sus patatas fritas es responsable de 75 g de emisiones de dióxido de carbono en la atmósfera.

Todo esto hace que sea muy importante no sólo comprar alimentos que generan menos emisiones, sino también no desperdiciar los alimentos que compramos. En términos de impacto, reducir el desperdicio de comida supone que hace mucho más bien que todos los esfuerzos que hagas para consumir alimentos más respetuosos con el medio ambiente.

Desperdiciamos más de lo que creemos

En un proyecto de investigación se pidió a un grupo de gente que llevaran un dietario de lo que echaban al cubo de la basura. La mayoría de la gente que participaba en el estudio se sentía culpable por la cantidad de sobras de comida que tiraba, pero quedó estupefacta al descubrir cuánta cantidad de otros alimentos desperdiciaba también.

El total de los desperdicios representaba más del tercio de todos los alimentos que compraban, y desde luego mucho más que la cantidad de residuos de envases.

La mitad de estos alimentos, por lo menos, se podría haber consumido si se hubiera gestionado mejor. Y no se trata sólo del desperdicio de recursos: el coste de toda la comida que tiramos durante nuestra vida asciende en algunos casos al salario de todo un año.

¿Por qué tiramos a la basura tanta comida?

Una de las principales razones es que compramos sin ton ni son. Si vamos al supermercado sin una lista, y sin comprobar primero lo que hay en la despensa y en el frigorífico, algunos alimentos acabarán pasándose antes de que podamos comerlos.

Y más de la mitad de los que hacemos listas las ignoramos cuando nos dejamos tentar por las ofertas especiales.

En casa tampoco somos muy buenos guardando los alimentos perecederos o consumiendo en primer lugar los productos más antiguos.

En este sentido, podemos aprender mucho de las generaciones precedentes, tal vez porque se acuerdan de cuando la comida no abarrotaba los estantes de los comercios ni se vendía a precios muy bajos.

De hecho, es mucho más probable que la gente mayor guise su propia comida a partir de ingredientes básicos y que compre de manera organizada. Los segmentos de población más despilfarradores son los jóvenes trabajadores solteros (vivir solo y tener horarios caóticos contribuyen a desbaratar cualquier intento de planificar las comidas) y las familias con niños pequeños (ir a comprar con un niño hace que ceñirse a una lista resulte aún más difícil).

Consejos para no desperdiciar comida

No te preocupes, no hace falta que te conviertas en el ama de casa del año por reducir más que nadie el desperdicio de comida. Por el mero hecho de tener en cuenta este problema lo más seguro es que desarrolles mejores hábitos. Prueba algunos de estos consejos para marcar aún más la diferencia:

• Haz listas de la compra (y mira lo que tienes en la despensa antes de salir a comprar) para evitar comprar cosas que ya tengas en casa. Las compras *on-line* pueden ayudarte, dado que estos servicios a menudo te permiten archivar la lista de lo que has comprado en ocasiones anteriores.

• Compra más frutas y verduras sueltas, y así podrás adquirir sólo la cantidad justa para los platos que vayas a preparar. Las hortalizas para ensalada son las que se desperdician con mayor frecuencia, de modo que cómpralas el mismo día en que vayas a utilizarlas en tiendas del barrio, en lugar de hacerlo en el supermercado una vez a la semana.

• Mantén la nevera entre 1 °C y 5 °C y conservarás frescos los alimentos por más tiempo.

• Consume los productos por orden de fecha de caducidad.

Y no olvides que casi todos los desechos inevitables pueden utilizarse para alimentar tu jardín si los añades a la pila o al contenedor de abono. Encontrarás más información en la sección de jardinería de este libro.

CONSUMO DE CARNE 19

«Un momento», es como si os oyera decir, «se supone que no se trata de ser más ético, sino de ser más ecológico. ¡Mi bocadillo de panceta ni mentarlo!»

En realidad no soy propiamente vegetariana, pero como muy poca carne. A veces estoy una semana entera sin tomar ningún producto cárnico, y, si acaso como algo de carne, es muy probable que sea un poco de pescado o una que otra rodaja de salami. La razón por la que lo hago es casi por entero por motivos medioambientales.

Una buena parte del problema reside en los eructos y las ventosidades del ganado. En efecto, las vacas y ovejas criadas en granjas son responsables de casi dos quintas partes de la cantidad total del metano generado por la actividad humana. Como gas de efecto invernadero, supera en varias veces al dióxido de carbono (aunque no permanece en la atmósfera durante tanto tiempo), de modo que la contribución de la ganadería al cambio climático es más que considerable.

La cría de animales, caloría por caloría, utiliza mucho más suelo y agua que el cultivo de alimentos vegetarianos. Se utilizan miles de litros de agua y siete kilos de pienso de cereal en el proceso de producción de un solo kilo de carne de bovino.

Piénsalo: cultivamos cosechas para alimentar a animales para que, a su vez, nos alimenten. ¿No es una forma terriblemente ineficaz de utilizar los recursos del planeta?

Piensa en vegetariano

Muchos alimentos vegetarianos son también mucho más sanos para ti. Por ello mismo, si debes vigilar la ingesta de grasas o colesterol, el hecho de comer más verdura sin duda te será de enorme ayuda.

A lo largo de la historia ha habido vegetarianos estrictos (desde Platón a Paul McCartney) y algunas doctrinas religiosas instan a sus seguidores a abstenerse de comer carne. Así que ya lo sabes: si te vuelves completamente vegetariano, te encontrarás en buena compañía.
Pero lo mejor de hacerse vegetariano por razones medioambientales es que no tiene por qué ser una cuestión de «o todo o nada».

Cada comida en la que no consumes carne ayudará a reducir el cambio climático, así como a preservar el agua y la tierra para mejores usos. Si tienes esto en mente en el momento de decidirte a escoger un menú, resultará un planteamiento mucho menos desalentador que si te comprometes a no volver a comer otro filete nunca más.

Prueba nuevos ingredientes

Hace poco he descubierto que los dos alimentos básicos
de los vegetarianos (las lentejas y el tofu) tienen una reputación del
todo inmerecida. En realidad, con ayuda de una buena receta saben
deliciosos.

El tofu tiene un delicioso sabor rehogado; marínalo primero en salsa
de soja con tanto ajo y jengibre como puedas añadir. A continuación,
rehógalo en aceite caliente hasta que se dore antes de añadir el resto
de las verduras e ingredientes para la salsa.

La sopa de lentejas está rica, pero mi receta favorita es sin duda la ensalada
de lentejas verdes y hortalizas, todo ello aderezado con una vinagreta.

¡Sé original al elegir tu menú! Encontrarás muchísimas sugerencias
para recetas en Internet.

• Las cocinas china, india y de Oriente Próximo siempre han hecho un
uso excelente de los ingredientes vegetarianos, tales como las lentejas,
las judías y el tofu; además, ofrecen muchísimos platos de verduras
y hortalizas la mar de interesantes. Si sólo escoges platos de carne
en los restaurantes asiáticos de comida para llevar, te perderás
especialidades alternativas clásicas verdaderamente deliciosas.

AHORRAR AGUA
EN EL HOGAR

El cambio climático tendrá un profundo efecto en el agua dulce en todo el mundo. Muchas zonas, como la costa oeste de Sudamérica y el subcontinente indio, dependen del agua procedente de los enormes glaciares para llenar sus ríos. A medida que las precipitaciones de nieve se reduzcan y los glaciares retrocedan, esto provocará una escasez de agua que afectará a miles de millones de personas.

El oeste de Europa y la costa del Atlántico de Estados Unidos es probable que padezcan períodos de tiempo seco acompañados de intensas lluvias muy concentradas, lo que hará que las inundaciones repentinas sean más probables a la vez que la escasez de agua.

Donde vivo, en Londres, ya tenemos menos precipitaciones que en Estambul, y cada vez más gente se traslada a la ciudad, por lo que la conservación del agua se ha convertido en toda una prioridad. Pero al tener agua dulce y limpia en los grifos durante las veinticuatro horas, tendemos a dar por sentado este precioso recurso.

Sanear el agua hasta un estándar de potabilidad requiere mucha energía y varios activos químicos; sin embargo, sólo alrededor del 4% del agua dulce que se consume en un hogar medio se utiliza para beber y cocinar. La mayor parte se utiliza para otros propósitos en los que la potabilidad de tan preciado líquido no es necesaria.

En el futuro se hará mucho más uso de las aguas grises (agua de lluvia y agua que previamente se haya utilizado para lavar) para cosas como llenar la cisterna del váter. De hecho, en las nuevas viviendas ecológicas ya se instalan sistemas de reutilización de aguas grises de serie, pero hay muchas otras formas de reducir la cantidad de agua que desperdiciamos en el hogar.

También puedes reutilizar las aguas grises para ahorrar agua en el exterior de la casa. En la sección de jardinería de este libro encontrarás más información sobre cómo ahorrar agua en el jardín.

20 LAVAR LOS PLATOS

Ya he perdido la cuenta del número de discusiones que he mantenido acerca de si lavar a mano o utilizar un lavavajillas es mejor para el planeta. Pero ahora, tras varios intentos de hacer cálculos lo más aproximados posible, por fin he encontrado una respuesta razonable.

Al parecer todo depende de la forma de lavar. Si, como un amigo mío, crees que la mitad del lavado consiste en secar la vajilla con el trapo de cocina al final, es probable que utilices menos agua y energía lavando a mano de la que utilizarías si lavaras a máquina. Sin embargo, si les pasas un agua primero, a continuación los lavas y después enjuagas meticulosamente cada plato, vaso y cubierto bajo el grifo abierto con el agua corriendo, puede que sea preferible que adquieras un lavavajillas eficiente para que haga el trabajo.

Cualquiera que sea el método que utilices, puedes ahorrar tanto agua como energía siguiendo estos sencillos consejos:

A mano:
• Utiliza una palangana, no laves con el grifo abierto.
• No enjuagues cada plato, vaso y cubierto durante una eternidad: utiliza un detergente lavavajillas respetuoso con el medio ambiente y no tendrás que preocuparte tanto por los residuos tóxicos.

A máquina:
• Elige un modelo de bajo consumo de agua y energía; ambas características aparecerán indicadas en la etiqueta que lleva colgada en la tienda de electrodomésticos.
• Quita los restos de comida de los platos antes de meterlos en el lavavajillas. No les pases agua bajo el grifo.
• Siempre utiliza el lavavajillas a carga completa.

BAÑO NO, DUCHA SÍ 21

Todos sabemos que darse una ducha en lugar de un baño ahorra agua. De hecho, la inmensa mayoría de la gente tiene ahora una ducha en su hogar, frente a sólo el 5% en la década de 1970.

Sin embargo, si te duchas durante mucho rato en una ducha de alta presión moderna puedes gastar fácilmente mucha más agua que si te dieras un baño. Ten en cuenta que en la actualidad más o menos el 12% de nuestro consumo de agua tiene lugar cuando nos duchamos.

Puedes ahorrar más de la mitad del agua simplemente cambiando la alcachofa de la ducha. Una provista de un aireador mezcla aire al flujo de agua para mantener alta la presión y a la vez reducir el agua utilizada. Las alcachofas de ducha de bajo flujo utilizan menos agua, pero a una presión más alta, de modo que puedes ahorrar agua sin ni siquiera notarlo.

En verano, cuando el jardín necesita agua, coloca un balde junto a tus pies cuando te duches. Pronto se llenará de aguas grises, que puedes echar en las plantas en el exterior sin tener que utilizar provisiones extra de agua.

22 AHORRAR EN LA CISTERNA

Las descargas de la cisterna del baño son responsables de aproximadamente el 30% de toda el agua que consumimos en el hogar.

En función del modelo, el consumo de agua varía de forma muy considerable. Así, los modelos anteriores a 1950 pueden utilizar hasta 13 litros por descarga, mientras que las cisternas modernas sólo tienen capacidad para unos 6 litros. Los modelos más nuevos tienen cisternas de doble descarga, con la opción de apretar un pulsador más pequeño para una descarga de agua menor.

Y luego está la opción más «verde» de no tirar de la cadena cada vez. En realidad, no es necesario que descargues la cisterna si no has depositado materia sólida. Sin embargo, adoptar este hábito es improbable que te haga muy popular salvo si vives solo o con amigos íntimos.

Si tienes un modelo antiguo de váter grande puedes ahorrar un litro de agua cada vez que tires de la cadena, sin que ello afecte a su ejecución, añadiendo un sencillo dispositivo ahorrador de agua, por ejemplo uno en forma de hipopótamo, en la cisterna. Se trata básicamente de un recipiente que retiene parte del agua de la cisterna e impide que se descargue al tirar de la cadena.

Las fugas de agua incrementan el impacto de un baño en el consumo de agua. Localiza la fuga añadiendo colorante alimentario a la cisterna. Si puedes ver el color en la taza tras una hora o dos, es que la cisterna tiene una fuga, de modo que llama a un fontanero para que te lo arregle.

REUTILIZAR Y RECICLAR

Esta cuestión es lo primero que viene a la mente cuando reflexionamos sobre lo que significa ser ecológico.

La mayoría de nosotros somos conscientes de la necesidad de reciclar, y la verdad es que empezamos a ser bastante buenos en ello (aunque a menudo estamos constreñidos por las facilidades disponibles en nuestra zona). En Holanda, Austria, Alemania y Bélgica, actualmente reciclan más de la mitad de sus residuos, e incluso en el Reino Unido, donde sólo reciclamos el 18% de nuestra basura, tres cuartas partes de la población lleva a cabo algún tipo de reciclaje.

Pero hay muchas cosas más que podemos hacer. Más del 90% de todos los materiales que echamos a la basura se podrían volver a utilizar, por lo que es preciso que recuperemos y reaprovechemos todo esto si queremos llegar a poder presumir de «cero residuos».

Enviar los residuos a la planta de reciclaje en lugar de al vertedero no sólo ahorra materiales, sino que también ahorra una enorme cantidad de recursos energéticos. Te sorprendería saber la cantidad de energía que puedes ahorrar como concienzudo reciclador: si reciclas una sola lata de aluminio estarás ahorrando suficiente energía como para hacer funcionar el televisor durante tres horas.

Esto es así porque extraer aluminio nuevo es un proceso que requiere mucha energía. De modo parecido, fabricar vidrio nuevo requiere de mucha más energía que fundir botellas viejas. Ahora bien, recuerda que lo mejor es rellenar y reutilizar las botellas.

En total, los materiales que una familia media tira al cabo de un año podrían reciclarse para ahorrar la energía que se consume nada más y nada menos que en 3500 duchas.

Y reciclar no es la única solución. Reducir en primer lugar la cantidad de residuos que generamos es incluso más importante.

23 NO LO TRAIGAS A CASA

Es fácil reducir la cantidad de materiales de desecho que traes a casa.
Al fin y al cabo, ¿por qué traer algo a casa si lo vas a tirar inmediatamente
a la basura?

Algunos países europeos permiten dejar el exceso de envoltorios
en la tienda para que la empresa los recicle. Si estás muy concienciado
con el medio ambiente, inténtalo en tu supermercado local. Si no,
entonces intenta poner en práctica estas sencillas ideas:

• Lleva bolsas de tela reutilizables o bolsas de plástico resistente a las
tiendas, o bien bolsas de asas de plástico ya utilizadas. Muchos diseñadores
están creando bolsas de la compra que sean a la vez cómodas de llevar
y elegantes.

• Elige productos con menos envoltorios, en particular alimentos
sueltos, como las frutas y verduras frescas.

• Compra en panaderías del barrio que sirvan los pasteles y los bollos
sobre rodales, blondas, cápsulas y bandejas de papel o cartón en lugar
de plástico (comprar en las tiendas que tienes más cerca también ayuda
al planeta de otra manera).

• En la caja del supermercado, no envuelvas en más plástico alimentos
envasados, como la carne y el queso.

• Si celebras una fiesta, utiliza vasos y cubiertos de verdad, no de plástico.
Muchas tiendas te regalan vasos extra cuando compras bebidas.

RELLENAR Y REUTILIZAR

Hubo una época en que existió una verdadera cultura del envase reutilizable. Cuando yo era niña, la leche, la gaseosa y los huevos se vendían de puerta en puerta en envases rellenables, pero en la actualidad por desgracia hay muchas menos empresas de este tipo.

Sin embargo, muchos productos de limpieza y de cosmética hoy en día se fabrican en envases rellenables, y por suerte éstos son también muy a menudo los productos menos contaminantes.

También puedes ayudar reutilizando envases para un propósito distinto. Las cajas de comida para llevar de plástico se convierten en fantásticas fiambreras, y además son muchos los envases que pueden reutilizarse en el jardín (encontrarás más consejos en la sección de jardinería de este libro).

25 COMPLETA EL CÍRCULO

Por supuesto, llevar envases para reciclar está muy bien, pero ¿adónde van después? Los materiales sólo se pueden reutilizar si existe una demanda, y la mayor parte de la demanda de plástico se encuentra actualmente en el Extremo Oriente, muy alejada de tu centro de reciclaje local.

Sin embargo, más productos de los que crees ya se fabrican con materiales reciclados en tu propio país.

- Los periódicos están hechos con un 80% de papel reciclado.
- Casi todas las cajas de cartón son de material reciclado.
- Las botellas verdes que se fabrican en el Reino Unido contienen un 85% de vidrio reciclado, aunque la media europea está en el 60%.

Cada vez son más los productos que se comercializan fabricados con plástico reciclado: bolsas de la basura, botellas de plástico, lápices, solados, vallas, toneles de agua, marcos de ventana, archivadores y carpetas, mobiliario de jardín e, incluso, ropa.

APRÉNDETE
LOS SÍMBOLOS

Es útil saber que la mayoría de los plásticos llevan estampado un símbolo de reciclaje en cuyo interior aparece un número indicativo de cada plástico.

 PET: politereftalato de etileno. Utilizado para botellas de bebidas y envases para alimentos.

 HDPE: polietileno de alta densidad. Botellas de leche y productos de limpieza.

 PVC: policloruro de vinilo. Botellas de bebidas y champú, envoltorios y envases para alimentos.

 LDPE: polietileno de baja densidad. Bolsas de supermercado y de la basura.

 PP: polipropileno. Envases de margarina, artículos de escritorio, cajas y bandejas para alimentos.

 PS: poliestireno. Envases de espuma, vasos para máquinas expendedoras, hueveras, cuchillos y tenedores de plástico.

 Otros: cualquier otro plástico no perteneciente a ninguna de las categorías anteriores.

Los plásticos del 1 al 5 son fácilmente reciclables, pero el n.° 6 no lo suelen reciclar los servicios de reciclaje locales. Algunas guías de reciclaje no son muy claras al respecto: cuando dicen «sólo botellas de plástico», podría significar que sólo reciclan los plásticos 1, 2 y 3. Por lo tanto, puede que reciclen otros envases si están fabricados con estos plásticos.

27 ABONO SIN PILA
DE COMPOSTAJE

Aunque no tengas jardín o espacio para un contenedor de abono grande, puedes aprovechar igualmente los desechos de la cocina empleando lombrices, los más eficaces fabricantes de abono de la naturaleza.

Fabricar abono con ayuda de lombrices es mucho más rápido que utilizar un contenedor corriente en el jardín. Y, además, huele menos, tan poco que varias personas que conozco tienen su vermicompostador en el interior de su vivienda. Los vermicompostadores producen un abono rico y un alimento líquido para plantas: ambos son ideales para utilizar en macetas y jardineras de ventana.

No te preocupes, no tendrás que tocar las lombrices: tan sólo echa las peladuras de verduras, las cáscaras de huevo, los papeles de cocina y las bolsas de té en el vermicompostador y olvídate del resto.

Los vermicompostadores son cada vez más populares en todo el mundo. En Australia, al menos un hogar de cada veinte ya tiene uno, y la fabricación de abono por la acción de lombrices está ganando popularidad también en un gran número de ciudades norteamericanas.

Para utilizar en interiores, lo mejor es uno de esos modelos cerrados herméticamente que existen en el mercado, a no ser que quieras arriesgarte a que una lombriz se escape por la cocina. En exteriores, es más fácil improvisar y construírselo uno mismo. Las lombrices no necesitan ningún tratamiento especial.

EXIGE MENOS RESIDUOS 28

Reducir los residuos es un aspecto en el que cada persona
puede hacer mucho, pero nuestros esfuerzos están condicionados
en buena parte por las actuaciones que las empresas y los gobiernos
llevan a cabo para respaldarlos.

Apoya campañas en favor de gravar con un impuesto especial las bolsas
de plástico (una campaña como ésta ha sido muy efectiva en Irlanda,
donde el uso de bolsas de plástico ha descendido más del 90%)
y reglamentos como el sistema del punto verde alemán, que obliga
a los productores a pagar una tasa de envasado según el peso del envase,
lo que se convierte en un verdadero incentivo para que lo reduzcan.

Considera la importancia de un descenso en el consumo de estos
materiales, dado que cada año usamos millones de bolsas de plástico
(más de 97.000 toneladas al año en España) y millones de bandejas
de porexpan y cajas de plástico como envase de alimentos.

Si tu producto favorito lleva demasiados envoltorios, haz valer
tus derechos como consumidor escribiendo a la empresa para
invitarles a que los reduzcan. Es más probable que una empresa
preste más atención a un cliente fiel que a un manifestante
con una pancarta.

LIMPIA DE FORMA MÁS ECOLÓGICA

Hoy en día, nuestros hogares contienen una multitud de productos de limpieza especializados: dos botellas de producto para el lavavajillas, dos más para las prendas, un producto para el baño, uno para los suelos..., y la lista continúa sin fin.

En realidad, ¿necesitamos todos estos diferentes productos químicos? ¿No existe una manera más sencilla y ecológica de mantener limpios nuestros hogares?

El primer producto de limpieza fue el jabón. Fabricado con aceites que reaccionan con las sales alcalinas para crear moléculas que son atraídas tanto por el agua como por la grasa, el jabón ayuda a suspender la suciedad en el agua de modo que resulte más fácil eliminarla.

De hecho, se inventó hace más de tres mil años, pero no se hizo popular hasta el siglo XIX, cuando se lanzaron importantes campañas en favor de la salud y la higiene.

El jabón se ha ido sustituyendo en el hogar por detergentes sintéticos derivados del petróleo. Han evolucionado muy rápidamente, hasta el punto de que cada semana aparecen versiones «mejoradas» de los productos en los estantes del supermercado, muchos de ellos más potentes de lo necesario para la limpieza del hogar.

El principal problema medioambiental con estos productos es que no se degradan bien una vez se vierten por los desagües, lo que provoca la contaminación de los ríos y el mar. En la planta de tratamiento se utilizan hasta 20.000 litros de agua para tratar un kilo de detergente en polvo, y el producto final termina yendo a nuestros cursos de agua, donde se acumula en la flora y fauna silvestres.

Por suerte existen soluciones sencillas para mantener limpios nuestros hogares sin abarrotar los armarios (y el medio ambiente) con productos químicos de dudosa utilidad.

29 PRODUCTOS ECOLÓGICOS

Reduce el número de productos de limpieza que utilizas. Para la mayoría de las tareas de limpieza, con una botella de detergente multiusos es más que suficiente.

Compra productos de limpieza ecológicos

Busca detergentes lavavajillas biodegradables y detergentes en polvo fabricados con ingredientes vegetales fáciles de descomponer.

• Evita las fragancias artificiales en los productos de limpieza. Los productos ecológicos contienen sólo fragancias naturales o no tienen.

• Si es posible, compra productos rellenables.

Utiliza un desatascador en lugar de productos químicos agresivos.

1. Primero, ablanda la grasa vertiendo agua hirviendo por el desagüe del fregadero.

2. Si esto no soluciona el problema, llena el fregadero con unos centímetros de agua y ve a por un desatascador.

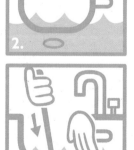

3. Cubre la boca de desagüe con una mano y mantén la presión, después presiona el desatascador hacia abajo con firmeza y tira hacia arriba para forzar al agua a bajar por el desagüe.

PREGÚNTALE A LA ABUELA

30

Muchos remedios caseros tradicionales de nuestros abuelos ahorran tiempo y son económicos; además, utilizan elementos que se pueden encontrar habitualmente en una casa. Tus familiares de más edad estarán encantados de que les consultes sobre remedios, pero aquí tienes algunos para empezar:

• Limpia los cristales de las ventanas utilizando agua templada con un chorro de detergente lavavajillas y un chorrito de vinagre, y a continuación sécalos con papel de periódico para que no se empañen. De ese modo conseguirás que queden transparentes.

• Enciende una cerilla en el baño para eliminar los malos olores (¡realmente funciona!). En cualquier otro lugar de la casa, abre las ventanas o enciende velas en lugar de usar productos químicos en *spray* para enmascarar los olores.

• Elimina las manchas de barro lavándolas en el agua que se haya utilizado para hervir patatas.

• Restriega una tabla de cocina manchada con sal marina y jugo de limón (este remedio también es fantástico para suavizar las manos).

• Pon en remojo las manchas de vino tinto en una prenda de lino en leche caliente durante unos minutos antes de lavarla.

• Limpia las botas y los bolsos de cuero marrón con la cara interna de la piel de un plátano y, a continuación, frótalos con un paño suave (además hace que huelan muy bien).

BRICOLAJE ECOLÓGICO

A todos nos resulta familiar el «olor a coche nuevo», que es debido a los gases que desprenden todos los plásticos y tapicerías en un vehículo recién fabricado. Es probable que también hayas oído hablar del «síndrome del edificio enfermo» en relación con los edificios de oficinas. Pasar largas horas en habitaciones mal ventiladas, rodeado de materiales sintéticos que desprenden productos químicos en el aire, puede causar una serie de problemas de salud a las personas especialmente susceptibles.

Reformar el hogar con nuevas moquetas, nueva pintura en las paredes y nuevo mobiliario y accesorios puede suponer la introducción de multitud de productos químicos nocivos y materiales nada respetuosos con el medio ambiente a tu espacio vital.

La solución no consiste en mudarse a vivir a una cabaña. Existen muchas alternativas a los materiales sintéticos (a menudo se trata de los materiales a los que las versiones sintéticas sustituyeron a su vez): no hay excusa alguna para no rediseñar tu casa con un estilo que no te dañe a ti ni al planeta.

3 | PINTURAS LIMPIAS

Las pinturas al agua y las pinturas de esmalte convencionales conforman un cóctel de activos químicos tóxicos. Los disolventes utilizados en las pinturas se conocen como componentes naturales volátiles (COV en inglés), pero no hay nada de natural en ellos. En realidad, son productos químicos derivados del petróleo, que pueden provocar irritación ocular o problemas respiratorios a las personas vulnerables, y tampoco son nada buenos para el resto de la gente.

Incluso después de que la pintura convencional se haya secado, puede seguir desprendiendo activos químicos, como formaldehído y benceno, ninguno de los cuales contribuye a un ambiente saludable en el hogar.

Las pinturas alternativas bajas en COV se pueden comprar por catálogo e incluso las comercializan algunas grandes cadenas de bricolaje. Busca pinturas al agua cuyas etiquetas indiquen que tienen menos de 50 g de COV por litro, o 150 g por litro en el caso de las pinturas de esmalte. Las mejores, no obstante, son las pinturas cero COV con menos de 5 g por litro.

Las pinturas ecológicas suelen ser algo más caras, pero las ventajas que ofrecen son evidentes: no huelen mal, se conservan fantásticamente bien y los pinceles se pueden limpiar con agua después.

MADERA ECOLÓGICA 32

Uno de los primeros problemas medioambientales del que recuerdo haber sido consciente es la pérdida de bosques por todo el mundo, en particular los bosques pluviales tropicales. Cada vez se hace más para proteger los bosques primarios, pero lo cierto es que la desforestación (la mayor parte ilegal) continúa a un ritmo alarmante.

Por desgracia, los productos de madera talada ilegalmente están por doquier. La manera más fácil de tener la certeza de que no estás respaldando la tala ilegal es asegurándote de que todo lo que compres esté certificado por el Forest Stewardship Council, un organismo internacional que otorga el sello FSC.

Pero no dejes de utilizar madera. Un buen suelo de madera puede durar toda la vida, lo que ahorra muchos cambios de moqueta, y la madera suele ser la mejor elección para las ventanas nuevas. Este material no es sólo menos tóxico de producir que el PVC, sino que además es más duradero. Y resulta mucho más fácil reparar un marco de ventana de madera que tener que bregar con un módulo de ventana de PVC, que puede incluso que sea preciso cambiarlo entero cuando una de sus partes falle.

Dentro de la casa, trata el mobiliario y accesorios de madera con cera de abejas o aceites de plantas en lugar de con barniz. Estos productos naturales huelen la mar de bien y proporcionan un acabado más hermoso y cálido, sin productos petroquímicos de dudosa fiabilidad.

33 SUELOS ECOLÓGICOS

Los revestimientos de suelos más populares en los países anglosajones son la moqueta y el linóleo de PVC, pero lo cierto es que se encuentran entre los menos saludables y ecológicos con los que puedes cubrir el suelo de tu casa. Las moquetas contienen niveles muy altos de activos químicos tóxicos, entre ellos ignífugos y pesticidas, así como el COV de los adhesivos, los entramados de fondo y los hilados sintéticos.

Los activos químicos conocidos como ftalatos, que se utilizan para suavizar los revestimientos de vinilo de PVC, son los contaminantes medioambientales más comunes. Cuando se quema, el PVC también desprende dioxinas, que pueden provocar cáncer y trastornos hormonales, y permanecen en el ecosistema durante años.

Las alternativas a la moqueta y al PVC no sólo son menos tóxicas, sino que además son más atractivas y más agradables para vivir, y a menudo constituyen también una gran solución para los que sufren de alergias.

Asegúrate de que, cualquiera que sea el revestimiento de suelo que elijas, se halle fijado al suelo y no encolado, ya que así se podrá reciclar más tarde.

Linóleo auténtico y caucho natural

El linóleo auténtico está hecho con materiales renovables: polvo de madera, aceite de linaza, resina de pino, corcho y creta, por lo general con un entramado de yute.

Los revestimientos de caucho natural constituyen otra alternativa al PVC. El sangrado de caucho no mata los árboles de los que se obtiene y el producto final también se puede reciclar.

Tanto el caucho como el linóleo son buenos para los que sufren de alergias, y desde luego son muchísimo menos tóxicos, más duraderos y más ecológicos que el vinilo.

Bambú

El bambú es uno de los materiales más versátiles y respetuosos con el medio ambiente para el hogar, como los asiáticos saben desde hace mucho tiempo. Es fuerte, atractivo y duradero, y permite una enorme variedad de usos, desde estructuras sólidas para muebles hasta suaves fibras apropiadas para prendas de vestir.

Por otro lado, es una de las plantas de crecimiento más rápido del mundo: las variedades más grandes crecen un metro en un solo día. Existen tipos de bambú que crecen casi en cualquier lugar del mundo, de modo que puedes encontrar proveedores locales de esta planta, que a menudo se cultiva sin pesticidas ni fertilizantes.

Muchas empresas fabrican y comercializan productos de bambú para el hogar por su combinación única de utilidad y cualidades ecológicas. Busca revestimientos de suelos, encimeras, persianas, utensilios de cocina, artículos de baño y muebles de bambú.

Otros revestimientos de suelos naturales

Existe una multitud de fibras naturales de plantas que se utilizan para crear revestimientos de suelos tan interesantes como bellos. Busca materiales fabricados con yute (también conocido como arpillera), sisal (procedente de las hojas de una planta suculenta de gran tamaño), fibra de coco (procedente de la cáscara), una amplia variedad de hierbas y cáñamo, uno de los materiales respetuosos con el medio ambiente más versátiles que existen.

34 MUEBLES DE SEGUNDA MANO

Si aprovechas objetos de segunda mano, saldrás ganando tú y el planeta, y además convertirás tu casa en algo único. Me encanta el estilo de la década de 1950, pero, sea cual sea el período que prefieras, los muebles, las lámparas y demás accesorios antiguos pueden ser mucho más hermosos que el mobiliario nuevo.

Yo compro muebles de segunda mano siempre que me es posible, y tras un breve lijado o una mano de pintura, quedan como nuevos; además, tienen muchísimo más carácter que uno de esos muebles fabricados en serie que hay en los grandes almacenes.

Las tiendas y subastas de antigüedades en ocasiones tienen gangas de muebles de diseño del siglo xx. Los mercadillos y los rastros constituyen una fuente excelente de reliquias heredadas de alta calidad no deseadas. Asimismo, la gente también echa las cosas más extraordinarias en los contenedores de basura: tengo una magnífica mesa auxiliar hecha con las patas tubulares de un taburete que encontré en un contenedor.

Si no eres muy manitas, no te preocupes. Lijar y aceitar una vieja mesa de café en realidad no implica mayor esfuerzo que seguir todas esas instrucciones que acompañan a un mueble para montar.

Alquila herramientas, no las compres
Comprar herramientas que en realidad no necesitas es un desperdicio de todos los recursos y la energía que se gastaron en fabricarlas, pero el verdadero problema radica en que las versiones de herramientas eléctricas para el gran consumidor suelen ser menos potentes y, en realidad, no muy buenas.

CÓMO SER MÁS ECOLÓGICO EN EL JARDÍN

Un jardín puede ayudarte a reducir tu emisiones de dióxido de carbono de muchas maneras.

Si tienes un hermoso espacio exterior donde poder solazarte en lugar de tener que recurrir al coche para salir al campo, es fantástico, y si cultivas tus propios alimentos, esto también contribuirá a marcar la diferencia en emisiones de tu alimentación cotidiana.

Otra gran ventaja de un jardín es que ayuda al medio ambiente de la zona al proporcionar alimento y refugio a insectos, pájaros y demás animalillos. No es preciso disponer de varias hectáreas de espacio, y, aunque ni siquiera tengas jardín, puedes cultivar igualmente una serie de cultivos en unas simples jardineras de ventana. De ese modo, un pequeño balcón puede convertirse en un huerto eficaz donde cultivar unas deliciosas hortalizas.

La jardinería también entraña ciertos riesgos medioambientales, de modo que un ecologista de verdad debe mostrarse siempre muy comedido tanto al utilizar el agua en el jardín como a la hora de recurrir a los productos químicos.

Afortunadamente para jardineros perezosos como yo, seguir los principios de la agricultura ecológica no es difícil, y un jardín respetuoso con el medio ambiente (que trabaje con la naturaleza, no contra ella) en realidad precisa mucho menos esfuerzo para cuidarlo.

Y si no quieres que tu jardín se convierta en un gran devorador de gas, no se te ocurra siquiera pensar en instalar una estufa para exteriores.

CULTIVAR FLORES Y HORTALIZAS

¿Qué mejor manera de evitar emisiones de dióxido de carbono y kilómetros de desplazamientos, y asegurarte de tener productos frescos y flores en los que puedes confiar, que cultivar los tuyos propios?

Gestionar un pequeño huerto no tiene por qué ser un fastidio. Los pocos cuidados que requiere pueden llegar a resultar de lo más terapéuticos, y desde luego son buenos asimismo para estar en forma. Incluso si sólo tienes un pequeño jardín de patio, puedes cultivar tus propias hortalizas y flores en recipientes y bolsas de cultivo.

El concepto de coste en kilometraje de los alimentos está calando hondo en la opinión pública, pero el de las flores es una cuestión medioambiental que se ha tratado menos. Cada vez se transportan en avión más flores desde países cálidos, y las de fuera de temporada del país también generan grandes cantidades de emisiones si se las cultiva en invernaderos caldeados.

Una solución sencilla consiste en cultivar uno mismo plantas con flores, ya sea en el jardín, o bien en un invernadero o en un jardín de invierno.

35 QUÉ CULTIVAR

Las hortalizas y flores que vayas a cultivar en tu jardín son enteramente decisión tuya. Mi filosofía consiste en cultivar frutas y hortalizas que, o bien son delicias caras en las tiendas, o bien tienen mejor sabor cuanto más frescas están. A mi juicio, productos como los guisantes y las frambuesas son los más ventajosos de cultivar, dado que las variedades que se suelen encontrar en los comercios resultan a menudo decepcionantes.

También es importante trabajar con el suelo que tengas. Cultivar arándanos puede ser una magnífica idea, pero necesitan un tipo particular de suelo ácido, lo que hará que cuidarlos se convierta en una verdadera molestia si no dispones del terreno apropiado.

Dónde comprar las plantas y semillas

Puedes adquirir una enorme variedad de plantas y semillas de frutas y hortalizas en los centros de jardinería, y cada vez hay más variedades de cultivo ecológico.

Una excelente manera, y además económica, de hacerse con nuevas plantas es a partir de esquejes de familiares, amigos y vecinos. Las plantas que crecen en la zona puede que sean más resistentes a las condiciones de tu jardín, así como más resistentes a las plagas locales.

MI LISTA PREFERIDA:

Frutas y hortalizas
- Frambuesas
- Guisantes
- Judías pintas
- Fresas
- Patatas
- Tomates y calabacines (crecen la mar de bien en bolsas de cultivo, pero necesitan abundante agua)
- Lechuga y rúcula (las hortalizas de hoja para ensalada son fáciles de cultivar)
- Hierbas aromáticas (el laurel, el romero y la menta casi no precisan cuidados, y el cebollino posee además unas atractivas flores)

Flores
- Tulipanes (incluidas las variedades que florecen en verano)
- Narcisos
- Acianos
- Rosales trepadores
- Girasoles pequeños
- Campanillas
- Lavanda (tolera bien las condiciones secas)
- Lirios (algunas variedades vuelven a florecer una vez cortadas)

36 ROTACIÓN DE CULTIVOS

Cultivar las mismas hortalizas en el mismo lugar año tras año puede acabar eliminando del suelo los nutrientes esenciales. Rotar los cultivos cada temporada ayuda a reducir esta pérdida de nutrientes, y también te ayuda a evitar recurrir a fertilizantes artificiales.

Las hortalizas y verduras se clasifican en cuatro grandes familias. Planta cada sección de tu parcela con plantas de diferente familia y, después, rota las familias de hortalizas cada año. De este modo, el suelo se puede recuperar de los efectos de un cultivo durante los siguientes tres años mientras se cultivan otras hortalizas.

Grupo 1
Hortalizas de raíz, tales como patatas, chirivías, zanahorias, remolachas.

Grupo 2
Coles, coles de Bruselas, brécol y otras crucíferas.

Grupo 3
Guisantes y judías.

Grupo 4
El resto de las hortalizas y verduras, incluidas las de hoja para ensalada.

Para un huerto más formal, y en especial si el suelo es pobre, los parterres elevados constituyen una excelente elección y proporcionan un modo sencillo de gestionar la rotación de cultivos. Construye bordes de ladrillo o coloca raíles de ferrocarril reciclados, y llena el parterre con tierra y abono ricos antes de plantar.

HUERTOS DE BARRIO

Si disfrutas cultivando tus propias hortalizas y verduras, y ves que
necesitas más espacio, pregunta en tu ayuntamiento si disponen de
parcelas para ceder a los vecinos para este uso. Esta práctica se está
convirtiendo en una opción muy popular en otros países, entre la gente
que quiere reducir emisiones de dióxido de carbono, en su mayoría
jubilados, y emprender una nueva y fascinante afición.

Si la cesión conlleva la obligación de cultivar todo el espacio una
vez conseguido, una buena idea, que puede convertirse en una gran
diversión, es compartir el trabajo (y los productos) con un grupo
de amigos de tu localidad.

CULTIVAR SIN JARDÍN

Aunque no tengas un espacio exterior aparte de un pequeño balcón
o una terraza en la azotea, o incluso si lo único que tienes son unos
alféizares, puedes disfrutar igualmente de tu pequeña cosecha.

37 CULTIVA TUS HORTALIZAS

HORTALIZAS DE HOJA PARA ENSALADA

Las condiciones que ofrecen las jardineras de ventana y de los balcones son magníficas para hortalizas de hoja para ensalada de fácil cultivo, tales como la lechuga y la rúcula. Estos cultivos gustan de una mezcla de sol y sombra. Además, al estar lejos del suelo, los temidos caracoles y babosas lo tendrán difícil para localizarlos y acceder a ellos.

Asimismo, es una magnífica manera de deshacerse de algunas de las hortalizas de supermercado que generan más residuos. Las bolsas de ensaladas ya preparadas son caras, no duran mucho y a menudo se las lava con agua muy clorada antes de envasarlas. Cultivar tus propias hortalizas de hoja significa que puedes comer las ensaladas más frescas y libres de productos químicos siempre que quieras.

Para cultivar hortalizas de hoja para ensalada, llena una jardinera de ventana con abono (asegúrate de que esté libre de turba si no vas a fabricar tu propio abono), crea dos surcos superficiales con ayuda de un lápiz y siembra las semillas a lo largo de ellos. Cubre las semillas, riégalas ligeramente y déjalas durante unos días. Una vez aparezcan las plántulas, reduce las hileras a unas cuantas plantas cada una y mantén el suelo apenas húmedo mientras las plantas estén creciendo.

Cuando hayas terminado tu primera cosecha, planta de nuevo o elige variedades de hortalizas de hoja para ensalada que no sea necesario cosechar enteras, sino que solamente se les corten las hojas dejándoles el troncho, de manera que vayan generando nuevas hojas a medida que las recolectes.

FRUTAS Y HORTALIZAS

Los tomates, las patatas y otras hortalizas crecen sin problemas en un balcón o en una jardinera de ventana, pero necesitan una profundidad de suelo suficiente y cuidado con los riegos. Plantar en bolsas de cultivo ayuda a reducir las necesidades de agua y, además, son muy fáciles de organizar. Una vez los tomates hayan madurado, reutiliza las bolsas para otro cultivo, como la lechuga.

Las fresas crecen bien en macetas y constituyen un fantástico manjar en verano. Incluso puedes cultivarlas en cestos colgantes. Con mucho amor y cuidados, las variedades arbustivas de tomate también crecerán en un cesto colgante, y asimismo ofrecerán una apariencia magnífica.

Las variedades compactas de pimientos dulces, chiles y calabacines también prosperan en las magníficas condiciones de un balcón soleado. Para reducir el impacto del viento, si vives a cierta altura, coloca una malla alrededor del balcón.

HIERBAS AROMÁTICAS

Son ideales para jardineras de ventana y jardines pequeños.

Las hierbas frescas compradas en la tienda no siempre resultan muy ecológicas, ya que a menudo proceden de países lejanos. A no ser que puedas adquirir hierbas de cultivo ecológico, además podrían haberse cultivado utilizando abundantes productos químicos con el fin de obtener una cosecha rápida.

Puedes evitar todo este daño medioambiental cultivando tus propias aromáticas con independencia de que dispongas de poco espacio. De hecho, hierbas como la menta es preferible cultivarlas en macetas, puesto que son invasivas y pueden acabar adueñándose de todo un arriate.

Se pueden cultivar juntos varios tipos de hierbas aromáticas en un solo macetero grande o, con cuidados suficientes, puedes cultivar una amplia variedad de plantas en macetas separadas más pequeñas.

Todas las hierbas aromáticas son apropiadas para pequeños jardines en macetas, incluidas las especies anuales como la albahaca y el cilantro, así como las perennes como la menta, el orégano, el cebollino y la salvia.

En un alféizar soleado, especies de verano como la albahaca crecerán durante todo el invierno, mientras que las hierbas de supermercado tienen que traerse en avión desde lejanas tierras.

Entre otras especies que prosperan en el interior se incluyen las semillas para germinados, como las judías mungo y el fenogreco, así como ese clásico de nuestra infancia que es el berro.

No te olvides de las flores

Una pequeña terraza, una jardinera de ventana o un huerto en el balcón no tienen por qué ser totalmente funcionales. Aplica los principios de las «plantaciones mixtas» del capítulo sobre jardinería ecológica para disuadir a las plagas, y además añadirás al mismo tiempo más belleza a tu despliegue de hortalizas y verduras

Combina la lavanda con el tomillo y el romero en un lugar soleado para disfrutar de un mayor despliegue de fragancias y ampliar, además, el abanico disponible de hierbas aromáticas. Todas estas plantas resisten bastante bien a la sequía, por lo que reducen las necesidades de riego.

REGAR

Las plantas en macetas necesitan más riegos que si estuvieran plantadas en el jardín. Si añades un mantillo a las macetas, como corteza, abono húmedo o grava, se reduce la pérdida de humedad por evaporación; otra opción es añadir al abono cristales que retienen agua para ayudar a las plantas a sobrevivir entre un riego y otro.

UTILIZA LOS RESIDUOS
PARA ALIMENTAR TU JARDÍN

Buena parte de la comida que acaba en la basura podría aprovecharse en el jardín.

La mayoría de los desperdicios de comida, además de en materiales como el cartón, se pueden convertir en abono para mejorar el suelo. Y si cultivas tus propias hortalizas y verduras, puedes dar continuidad al ciclo agregando sus peladuras en la pila de abono.

Por otro lado, muchos utensilios domésticos se pueden emplear en el jardín cuando hayan llegado al final de su vida útil en el interior.

Una de mis amigas utiliza una vieja librería como armazón para los fresales, y ha colocado platos y tazas rotas en el suelo para crear un sendero por toda la parcela de hortalizas. Junto con una amplia serie de improvisados maceteros (incluida una bolsa de la compra grande plantada con calabacines), proporciona a su jardín un estilo único y un encanto propio.

38 ABONO

La conversión en abono es el nuevo reciclaje en el mundo de la ecología. Cada vez más gente participa en el reciclaje de materia orgánica.

Esto es así porque la fabricación de abono es una de las actividades respetuosas con el medio ambiente más fáciles y más gratificantes: se hace muchísimo bien ahorrando desperdicios a la vez que se obtiene un producto final útil, que además requiere muy poco tiempo y esfuerzo. Aparte de todas las ventajas que implica tener un cubo de la basura menos maloliente y un mejor suelo, los beneficios de la conversión en abono a un nivel medioambiental más amplio son enormes.

Puede que pienses que los procesos que tienen lugar en tu contenedor de abono son los mismos que se producen en un vertedero. Pero los basureros no proporcionan las condiciones adecuadas para una descomposición salubre, oxigenada, de los residuos ecológicos. Por el contrario, un vertedero propicia una descomposición anaerobia insalubre, que produce metano, un potente gas de efecto invernadero.

De hecho, los desechos que arrojamos a la basura pueden volver un vertedero tan tóxico que nada se descomponga en él. Unos científicos tomaron muestras en un enorme vertedero de Nueva York en 1988 y encontraron lechugas de hacía seis años que aún estaban verdes, así como un perrito caliente ¡que se había conservado intacto durante dieciséis años!

En cambio, un contenedor de abono bien alimentado y cuidado está rebosante de vida, ya que una serie de insectos y bacterias beneficiosos trabajan para descomponer cualquier materia ecológica transformándola en un manjar nutritivo para tu jardín.

Primer paso: el contenedor

Aunque podrías simplemente amontonar los residuos en una pila,
es más fácil y menos tentador para las plagas si colocas el abono
en un contenedor. Lo más probable es que puedas conseguir gratis
un contenedor de abono sencillo con una tapa en tu ayuntamiento,
o bien acude a un centro de jardinería.

Si optas por una pila tradicional, mantenla cubierta con un trozo
de moqueta vieja, para que el abono no se seque cuando haga calor.

Ingredientes para una mezcla equilibrada

El mejor abono se obtiene añadiendo al contenedor una mezcla equilibrada
que contenga una combinación de materiales duros de descomposición
lenta, materiales más blandos, tales como sobras de comida, y activadores.
Solos, estos últimos se descompondrían rápidamente hasta transformarse
en una masa viscosa, pero, si forman parte de una mezcla equilibrada,
contribuyen a que el resto de los materiales se transformen en abono antes.

Ejemplos de residuos que se pueden depositar en el contenedor de abono:

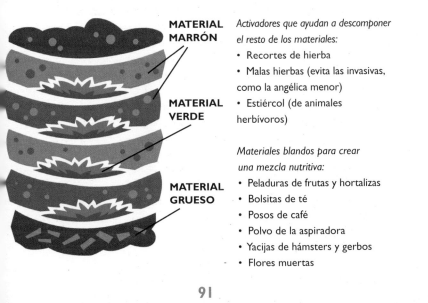

MATERIAL MARRÓN

MATERIAL VERDE

MATERIAL GRUESO

Activadores que ayudan a descomponer el resto de los materiales:

• Recortes de hierba
• Malas hierbas (evita las invasivas, como la angélica menor)
• Estiércol (de animales herbívoros)

Materiales blandos para crear una mezcla nutritiva:

• Peladuras de frutas y hortalizas
• Bolsitas de té
• Posos de café
• Polvo de la aspiradora
• Yacijas de hámsters y gerbos
• Flores muertas

Materiales duros para compactar la pila:

- Recortes de setos
- Cáscaras de huevo
- Paja
- Cartón
- Hojas muertas

Ingredientes que hay que evitar

Algunos ingredientes pueden atraer bacterias nocivas o plagas, o bien pueden resultar tóxicos para el resto de los ingredientes de la mezcla, por lo que es mejor evitarlos:

- Carne o pescado, así como alimentos cocinados
- Papel de periódico en gran cantidad y revistas de papel cuché
- Desechos de perros y gatos, así como pañales

Cómo llenar y cuidar el contenedor de abono

Empieza siempre con una capa de ramitas y cartón para que el fondo de la pila esté siempre aireado. El contenedor de abono por entero necesita aire e insectos con el fin de que el contenido pueda irse descomponiendo, por lo que alternar capas de materiales blandos con otros fibrosos más duros por toda la pila ayudará a crear conductos que les permitan acceder al centro.

Es una buena idea guardar una buena provisión de hojas de otoño y recortes de seto junto al contenedor para ir añadiendo capas cada vez que agregues materiales más blandos y activadores. Imagínate que estás construyendo una lasaña verde gigante, para que te hagas una idea.

El proceso de conversión en abono dura varios meses, aunque podrías encontrar material aprovechable como tal en el fondo del contenedor bastante pronto. Cuanto más cuides el abono, antes obtendrás resultados.

- Para acelerar el proceso, voltea el abono con una horca de jardín cada pocas semanas para airearlo y permitir que los insectos buenos continúen trabajando.
- Si has agregado muchos ingredientes secos, debes regar el abono de vez en cuando para mantenerlo húmedo.
- No añadas muchos recortes de hierba sin mezclarlos con otros ingredientes. Como alternativa, utiliza un poco de hierba para ayudar a activar el mantillo de hojas (véase pág. 94).
- Un contenedor de abono bien volteado puede calentarse, lo que es señal de que el abono está realmente sano. De hecho, el calor ayuda a erradicar las enfermedades de las plantas que puedan haberse introducido con los recortes de hierba.
- Desmenuza las ramas duras y leñosas antes de añadirlas al abono, a no ser que las vayas a utilizar para afianzar la estructura.
- La orina está llena de útiles activadores químicos, por lo que en pequeñas cantidades permite acelerar el proceso de conversión en abono. Si eres varón, es bastante sencillo; las señoras, en cambio, tendrán que utilizar métodos más ingeniosos.

¿Cuándo está listo?

Decidir cuándo el abono está listo no es una ciencia exacta. En realidad, puede llevar dos meses o más de un año que el abono se descomponga.

Por regla general, estará listo para utilizar cuando así te lo parezca. Un día, cuando voltees el abono, verás una materia marrón cerca del fondo. Extrae con ayuda de una pala esta sustancia oscura y terrosa, y utilízala; a continuación, mezcla el resto y déjalo que continúe convirtiéndose en abono. Vuelve a echar dentro del contenedor los trozos de material reconocibles (desaparecerán con el tiempo).

Utiliza el abono por todo el jardín para mejorar el suelo, así como para rellenar macetas o bandejas para semillas.

Qué hacer con las ratas

Si hay ratas en la zona, puede que vengan a investigar el contenedor de abono, pero el hecho de que fabriques abono no debería atraer a más ratas de las que ya suele haber en los alrededores. Ayuda a disuadirlas evitando añadir productos cárnicos en el contenedor de abono y utilizando uno con tapa, o bien rodeando la pila de abono con una malla metálica.

Los mantillos de hojas

El mantillo de hojas es un tipo de abono sencillo que se obtiene básicamente a partir de hojas de otoño descompuestas o en proceso de descomposición. Es increíblemente útil en todo el jardín: utilízalo para mejorar el suelo, para mezclarlo con abono en las plantas en macetas, o como abrigo vegetal para ayudar a conservar el agua.

Y es fácil de obtener. Casi cualquier tipo de hoja de otoño sirve, aunque algunas, como las del plátano de sombra, tardan más que otras.

Al resultado se le llama *mantillo de hojas*, compuesto de hojas enmohecidas, descompuestas sobre todo por la acción de hongos en lugar de bacterias, que son las que hacen la mayor parte del trabajo en un contenedor de abono. Este proceso lleva más tiempo que la conversión en abono, y es improbable que un contenedor de mantillo de hojas se caliente. Una descomposición completa puede llevar más de dos años, aunque puedes acelerar el proceso desmenuzando las hojas antes de introducirlas en el contenedor.

Cómo fabricar un mantillo de hojas

1. Recoge las hojas de otoño (no las de plantas perennifolias ni las que se encuentran bajo los setos, donde proporcionan refugio a la fauna silvestre).
2. Añade unos recortes de hierba.
3. Colócalo todo en un recipiente (una caja, un contenedor o un saco de plástico al que se le hayan practicado unos orificios).
4. Déjalo sin tocar hasta dos años.

El mantillo de hojas joven (de 1 a 2 años) se puede utilizar como abrigo vegetal para las plantas. El mantillo de hojas bien descompuesto se puede utilizar en cualquier parte del jardín, o bien se puede mezclar con abono (o incluso utilizarlo solo) para cultivar semillas.

REUTILIZAR EN EL JARDÍN 39

No necesitas comprar macetas nuevas para tu jardín. Los materiales de que están hechas (madera, cemento, cerámica y metal) duran siglos (o milenios: los que hayan visitado el Museo Británico pueden dar buena fe de ello).

Las tiendas de segunda mano y los marchantes de elementos arquitectónicos recuperados disponen de enormes existencias de objetos recuperados apropiados para aprovechar como macetas, crear bordes, pavimentar y para muchos otros usos en el jardín.

Tu jardín es también un lugar magnífico para utilizar utensilios del hogar no reciclables, como los tarros de yogur (hechos con el plástico n.º 6, *véase* pág. 59), cubos agujereados, latas de pintura vacías, fregaderos viejos e, incluso, muebles.

FAVORECER LA VIDA SILVESTRE EN EL JARDÍN

Hoy en día la mayoría de la gente quiere tener un jardín que apenas precise mantenimiento, lo que explica el auge que han experimentado los jardines pavimentados, con suelo de madera o revestidos con grava.

La parquedad de los jardines de hoy en día, una vez eliminados los árboles y setos «descuidados» en favor de plantaciones de especies no autóctonas, además del uso recurrente de potentes herbicidas y pesticidas, han contribuido a una dramática reducción de la cantidad y variedad de la fauna silvestre en muchas de nuestras ciudades, tanto grandes como pequeñas.

La desaparición del gorrión común en Londres es un clásico ejemplo del daño infligido. Hace cincuenta años se podía ver por doquier, pero la reducción tanto de la disponibilidad de lugares apropiados para la nidificación como de las oportunidades de alimentarse los ha puesto en la lista roja de la RSPB (Royal Society for the Protection of Birds, Real Sociedad Protectora de las Aves), hasta el punto de que está actualmente catalogado como especie en franco declive. No es el caso de España, donde continúa su presencia en las ciudades, además de otros pájaros silvestres.

Tu jardín puede ayudar a propiciar la vuelta de los gorriones y demás fauna silvestre a nuestras ciudades proporcionando un refugio para plantas, insectos y animales en apuros.

Es éste un ámbito de actuación ecológica donde tus esfuerzos por sí solos pueden marcar una diferencia auténtica y visible. La fauna y flora autóctonas sabrán reconocer tus esfuerzos y te asombrarás de la variedad de vida silvestre que puedes atraer y sustentar, incluso en un espacio pequeño.

40 ALIMENTA A LOS PÁJAROS

Alimentar a los pájaros se ha convertido en una actividad muy popular, probablemente por el placer de ver a los pájaros visitando tu jardín. De hecho, en el Reino Unido se destinan 15.000 t de cacahuetes a los pájaros cada año, y en Estados Unidos, los comederos y semillas para pájaros forman parte de una industria que mueve miles de millones de dólares al año. En España esta actividad es reciente y las cifras quedan muy por debajo de éstas, pues las referidas a comida estarían entre 2 y 3 t.

La mejor manera de atraer a una amplia variedad de especies de pájaros a tu jardín consiste en proporcionarles una alimentación variada:

• Los cacahuetes son el manjar predilecto para una amplia variedad de especies de pájaros pequeños, además de los estorninos.
• Las semillas de girasol ayudan a proporcionar una dieta equilibrada. Es preferible adquirirlas sin cáscara.
• Las semillas de níger son el alimento favorito de los jilgueros. Se trata de unas semillas negras y diminutas que se pueden adquirir en tiendas de animales o en tiendas *on-line* especializadas en alimentos para pájaros. Es muy fácil que éstos las desparramen cuando las coman, por lo que un comedero con bandeja es el más apropiado para estas semillas.
• Se pueden adquirir asimismo mezclas de semillas, que contienen diferentes variedades apropiadas para pájaros de jardín.
• Las «tortas de manteca» especiales, que contienen semillas e insectos insertados en sebo rico en energía, son fabulosas a la hora de atraer a las currucas capirotadas.
• Los gusanos de la harina vivos constituyen un fantástico manjar para los pájaros durante la temporada de cría.
• No les des nunca a los pájaros cacahuetes salados, patatas fritas ni alimentos salados, pues se deshidratarían, con consecuencias fatales.

Un comedero para pájaros tradicional resulta apropiado para la mayoría de los jardines, aunque los modelos con tejado son mejores: mantendrán a tus pájaros de jardín a salvo de los depredadores, como los gavilanes.

Ayuda a impedir que las ardillas y los gatos trepen hasta el comedero colocando una botella de plástico puesta al revés sobre el poste, debajo de la tabla del comedero. Sitúalo cerca de un seto para proporcionar a los pájaros una vía de escape accesible ante los depredadores.

Los comederos colgantes son excelentes, dado que se pueden situar lejos de las amenazas potenciales y de forma que al mismo tiempo resulten visibles desde la casa. En las tiendas especializadas encontrarás una amplia variedad de modelos, a prueba de ardillas. Los comederos para ventanas, que se fijan al cristal mediante un adhesivo, permiten ver muy cerca a los visitantes alados.

Complementa la alimentación de los pájaros plantando especies que les resulten atractivas. En este sentido, las plantas que producen frutos blandos y las zarzas son ideales, y la hiedra, el serbal de los cazadores y el acebo les proporcionan unas suculentas bayas. Entre las plantas cuyas semillas gustan a los pájaros se incluyen los cardos, las cardenchas, las amapolas, los girasoles y la madreselva.

Bañeras para pájaros

Crear una bañera para pájaros es otra magnífica oportunidad de reutilizar materiales viejos en el jardín. Se puede utilizar prácticamente cualquier utensilio que pueda contener agua, aunque se deben evitar los colores vivos; la bañera, además, no debe ser resbaladiza (dispón una capa de grava).

Coloca la bañera para pájaros en un sitio sombreado, alejado de lugares que los gatos puedan utilizar como punto de emboscada, y a cierta distancia del suelo. Los modelos con pedestales tradicionales funcionan bien, de modo que imita este diseño si puedes.

Caja para pájaros

Al gorrión común o doméstico (como su nombre sugiere) le gusta anidar cerca de las casas. Sin embargo, tanto las casas como los jardines se están volviendo cada vez menos atractivos para los pájaros en general. Proporcionar un lugar seguro para anidar es una magnífica manera de cuidar la población de pájaros de la zona.

Caja para gorriones (también apropiada para herrerillos y otros pájaros pequeños)

Sitúa la caja alejada del sol directo, a entre dos y cuatro metros del suelo. Colócala cerca de los aleros de la casa, o bien sujétala a un árbol con alambre o una banda fijadora.

HAZTE AMIGO DE LOS INSECTOS

A muchos insectos beneficiosos, como las abejas y las mariposas, les gusta comer y poner los huevos en una especie concreta de planta. Así pues, atrae a los insectos incluyendo sus plantas predilectas en tu jardín:

- *Budleya* (el «arbusto de las mariposas»)
- Ortigas (en las que las mariposas ponen los huevos)
- Lavanda (un imán para las abejas)
- Madreselva (con abundante néctar)
- Hierba gatera (también atrae a los gatos, como sugiere su nombre)

Otros insectos beneficiosos necesitan lugares donde hibernar, por lo que puedes adquirir refugios especializados para insectos de especies que se alimentan de pulgones, como las alas de encaje y las mariquitas. A estas últimas les gusta hibernar en madera muerta, así que un simple manojo de ramitas introducidas en un tubo de plástico también puede convertirse en un efectivo refugio.

Sujeta el refugio para insectos a un árbol, alféizar o cobertizo en un lugar resguardado. Colócalo donde no se empape de lluvia y asegúrate de que los fuertes vientos no puedan tirarlo al suelo ni zarandearlo.

42 PANTANO O ESTANQUE

Puedes crear un pequeño estanque incluso en el jardín más minúsculo y, al hacerlo, estarás contribuyendo a atraer a la fauna silvestre.

Es asombroso cómo la naturaleza aprovecha el nicho ecológico más minúsculo. Cuando tenía unos diez años, enterré una vieja bañera para bebés a ras del suelo en mi pequeño rincón del jardín y la llené de agua con la esperanza de poder criar ranas. Los renacuajos que crié prosperaron por un tiempo, pero entonces una enorme ninfa de efímera apareció y empezó a atacarlos. Debo confesar que estaba demasiado impresionada por tener un visitante exótico en mi estanque como para que me apenara que mis renacuajos perdieran partes de su cuerpo.

Seguro que querrás un estanque mejor que el mío. Hay montones de guías que detallan paso a paso cómo cuidar de un estanque. Aquí encontrarás unos breves consejos:

• Para proteger a los animales visitantes, sitúalo en un lugar resguardado, como unos arbustos o unas rocas, pero alejado de los árboles.
• Asegúrate de que las orillas sean poco profundas, así como de que tenga una parte más honda para impedir que se hiele. Coloca una bola de modo que flote en el estanque en invierno para mantener parte de la superficie sin helar.
• Llena el estanque con agua de lluvia.
• No introduzcas carpas doradas en el estanque, puesto que se alimentarán de buena parte de la fauna silvestre que acuda. Y tampoco traigas animales procedentes de otros estanques: los tritones, las ranas y los sapos (así como las efímeras) pronto lo encontrarán por sí mismos.
• No utilices productos químicos para el jardín ni tratamientos para la madera cerca del estanque (aunque no hay problema si son ecológicos).

UN JARDÍN PANTANOSO

Puedes crear un jardín pantanoso al lado del estanque, o bien crear un pantano en lugar de un estanque si tienes hijos pequeños.

Animales como las ranas y los sapos, así como una amplia variedad de insectos, agradecerán una zona de suelo pantanoso. En determinados lugares, podrías atraer incluso a culebras: no temas, son inofensivas (¡y están protegidas por la ley!).

• Constrúyelo de manera similar a un estanque, pero cava un hoyo menos hondo y, a continuación, revístelo.
• Coloca una capa de suelo, llénalo con agua de lluvia y, después planta encima.
• Hay varias plantas hermosas que atraerán a los insectos. La hierba centella, el iris amarillo y la fritilaria de cabeza de serpiente prosperarán en tu jardín pantanoso y lucirán un aspecto magnífico.

43 PLANTA UN SETO

Los setos proporcionan un sinfín de cosas esenciales para la fauna silvestre, como refugio, alimento, protección contra los depredadores y un corredor verde entre hábitats. Los setos vivos se encuentran tanto en zonas rurales como urbanas, pero la mayoría están amenazados: en el campo, debido a los herbicidas utilizados en los cultivos colindantes y porque se eliminan para crear campos más grandes; en las ciudades, se talan para dejar espacio a nuevos edificios o simplemente se han abandonado y presentan un aspecto descuidado.

Crecí en una urbanización de la década de 1970 construida sobre tierras de labor, y tuvimos la suerte de que se conservara un pequeño trozo del seto vivo original a lo largo del fondo del jardín. Se componía sobre todo de espino, junto con algunos tocones de árboles viejos que albergaban unas espléndidas setas (y un año, un enorme nido de avispas). El seto atrajo al jardín a una gran variedad de pájaros, por lo que era fácil observar a dos o tres familias anidar en él cada año.

Plantar un seto

Es importante que plantes especies autóctonas. El espino, el acebo, el haya y el tejo son ideales, y las especies más espinosas también proporcionarán una efectiva barrera contra los ladrones. El aligustre es perfecto para que aniden los gorriones, pero necesita un recorte regular para conservar la forma. Por otro lado, un seto de aligustre en flor desencadena la fiebre del heno, de modo que, pódalo a conciencia, o bien evítalo si padeces de alergia.

Para crear un buen seto, compra árboles pequeños y arbustos de un cierto número de especies, y plántalos en el exterior en otoño a partir de un diseño escalonado (o, mejor aún, en doble hilera) para disponer de una buena anchura. Planta al pie del seto especies que gusten de la sombra, como las anémonas y violetas de bosque, para crear un buen ecosistema inicial que atraiga a toda la nueva fauna silvestre.

Los setos no son difíciles de cuidar. Simplemente, asegúrate de no utilizar productos químicos para su cuidado y recórtalos dándoles forma cada otoño con el fin de que no se conviertan en árboles completamente crecidos.

Y si no tienes espacio para un seto, cultivar hiedra en un muro es otra opción que también contribuye a atraer a la fauna silvestre. Sus flores atraerán a las abejas y los pájaros se comerán sus diminutos frutos. Si se vuelve lo bastante espesa, los pájaros pequeños incluso anidarán en ella.

44 CREA UN RINCÓN SALVAJE

Un rincón salvaje del jardín, donde no caves ni toques nada, puede convertirse en un fabuloso refugio para pájaros, insectos y pequeños mamíferos. Dependiendo de si vives en la ciudad o en el campo, podrías además proporcionar refugio a mamíferos más grandes, tales como zorros o incluso tejones.

Un lugar descuidado detrás de un cobertizo o junto al contenedor de abono es ideal como zona salvaje. Podrías plantar plantas autóctonas, como el epilobio, que es la mala hierba de hermosas flores rosa que a menudo se ve entre las vías férreas, o simplemente deja que las hierbas, las ortigas y las zarzas prosperen y que el rincón se desarrolle por sí solo a partir de ahí.

Añade una serie de elementos útiles en tu rincón salvaje, como madera vieja, para proporcionar refugio y alimento a los hongos, o bien rocas, bajo las que los ratones de campo, los topillos y los sapos puedan excavar madrigueras.

JARDINERÍA ECOLÓGICA

En una explotación agrícola a gran escala, las prácticas propias de la agricultura ecológica comportan numerosos beneficios, como disponer de un suelo mejor, buenas cosechas con menos productos químicos, más fauna silvestre y más empleo para la zona. Los costes medioambientales ocultos de la agricultura ecológica representan tan sólo un tercio respecto a los de la agricultura con métodos industriales.

Buena parte de todas estas ventajas las puedes disfrutar en tu propio jardín. En particular, tus esfuerzos por atraer a la fauna silvestre darán mucho mejor resultado si practicas la jardinería lo más ecológica que te sea posible.

Si no utilizas fertilizantes ni pesticidas químicos, es muy importante que alimentes el suelo con un buen abono, lo que por otra parte no te resultará ningún problema si a la vez reduces los residuos disponiendo de un contenedor de abono. Por otro lado, las plantas serán más resistentes a las enfermedades y a las plagas.

Los seis principios básicos de la jardinería ecológica son:
1. Alimenta el suelo, no las plantas.
2. Cultiva variedades autóctonas y resistentes.
3. Practica la rotación de cultivos.
4. Establece plantaciones mixtas.
5. Atrae a depredadores.
6. Utiliza trampas y barreras físicas.

Los tres primeros principios ya se han tratado: son básicos para tener un buen jardín cualquiera que sea, y no sólo los ecológicos. Disponer de un suelo sano es mucho más importante para disfrutar de un jardín en perfectas condiciones que nutrir cada planta con fertilizantes artificiales, y todos los horticultores ecológicos recurren a la rotación de cultivos para preservar la fertilidad del suelo.

Los otros tres principios los voy a tratar con más detalle en los capítulos siguientes. «Estate alerta» es el consejo definitivo. Cuando se trata de plagas, es mejor prevenir que curar, de modo que date un paseo por el jardín cada pocos días y presta atención a los posibles problemas. A menudo, basta simplemente quitar y destruir las hojas y ramas donde insectos u otros parásitos se han refugiado para solucionar el problema.

45 PLANTACIONES MIXTAS

Plantar juntas especies que disuadan la presencia de plagas es una magnífica manera de evitar el empleo de pesticidas. Además, al añadir flores multicolores a la parcela de hortalizas, ésta tendrá un aspecto todavía más atractivo.

Entre las plantas que combinan bien destacan:
• Maravillas con tomates para evitar el pulgón verde y el pulgón negro, así como para atraer a la mosca abeja, que se alimenta de pulgones.
• Eneldo con cualquier planta predilecta de los pulgones, ya que atrae a la mosca abeja.
• Zanahorias con puerros. Estas hortalizas se repelen las plagas mutuamente.
• Cebollino con girasoles y tomates, puesto que el primero desprende un intenso aroma a cebolla que a los pulgones les resulta desagradable.
• La amapola de California, plantada alrededor de la parcela de hortalizas, atrae a las mariquitas y a las moscas abeja.
• El tanaceto, de fuerte fragancia, desagrada a las hormigas.
• Capuchinas con coles para engañar a los pulgones.
La capuchina tiene unas preciosas flores de color naranja y rojo que también se pueden comer en ensalada.

ATRAER A LOS DEPREDADORES 46

Todo cuanto hagas para que el jardín atraiga a la fauna silvestre beneficiará a tu huerto ecológico, puesto que las especies que suelen acudir se alimentan de buena parte de las plagas de jardín más comunes.

Quién come qué:
- Los erizos sienten auténtica predilección por las babosas y caracoles.
- Los sapos y los ciempiés también te ayudarán a mantener la población de babosas al mínimo.
- Las alas de encaje y las mariquitas son grandes devoradoras de pulgones.

Si las plagas se convierten en un problema, puedes incluso comprar especies depredadoras y parásitos a empresas especializadas de venta por correo, y soltarlos en tu jardín. Recuerda, no obstante, que algunos de estos controles ecológicos trabajan de manera bastante repulsiva, como, por ejemplo, las avispas parasitarias, que ponen sus huevos en el interior de las larvas de la mosca blanca y las consumen desde dentro, o los diminutos gusanos del nematodo, que perforan el dorso de las babosas y las infectan con bacterias.

47 BARRERAS Y TRAMPAS

Otras medidas preventivas consisten en impedir que las plagas accedan a las plantas colocando barreras físicas en su camino, o bien atrayéndolas a trampas.

• Evita las malas hierbas colocando mantillo, corteza o grava alrededor de las plantas. Cualquier mala hierba que consiga crecer a través del mantillo se puede detectar más fácilmente para arrancarla.

• Utiliza una malla fina para proteger las coles contra las mariposas o para proteger las plántulas jóvenes contra una serie de insectos voladores. Por desgracia (tal como he descubierto), si tienes un gato, puede que encuentre que la malla es un juguete irresistible.

• Se puede proteger cada planta por separado con minicampanas hechas a partir de botellas de plástico viejas cortadas por la mitad; húndelas en el suelo unos 10 cm para crear una barrera efectiva contra las babosas.

• Se puede preparar una trampa contra la mosca blanca a partir de un trozo de tabla pintado de amarillo y después cubierto con jabón líquido (o detergente lavavajillas respetuoso con el medio ambiente). Colócalo cerca de las coles y pronto se cubrirá de moscas blancas. Límpialo y vuelve a enjabonarlo para atrapar a más.

Babosas y caracoles

Son las plagas que más problemas me han comportado. A veces, cuando he perdido todas las plantas en una sola noche, parecería incluso que hubieran lanzado un ataque perfectamente organizado.

Si sufres una plaga de caracoles y babosas (y mientras esperas a que depredadores útiles colonicen el jardín), recomiendo no tener compasión y probar de inmediato todos estos remedios:

• Cualquier barrera alrededor de las plantas que tenga bordes cortantes los disuadirá. Grava afilada esparcida alrededor de la parcela de hortalizas o, incluso, cáscaras de huevo rotas en la superficie de las macetas serán de gran ayuda.

• Untar sebo en los bordes de las macetas también puede impedirles acceder a las hortalizas, aunque es necesario volver a untarlos a menudo.

• La cinta de cobre, que se puede adquirir en centros de jardinería, se coloca alrededor de las macetas y los armazones (una amiga la coloca alrededor del armazón para fresales creado a partir de una librería, *véase* pág. 89). El cobre provoca una descarga eléctrica cuando las babosas intentan arrastrarse por encima de él, pero se debe mantener limpio.

• El salvado, esparcido alrededor de las hortalizas, ayuda a que las babosas y los caracoles se deshidraten cuando lo coman.

• Las trampas de cerveza funcionan y dejan un festín de babosas ahogadas no tóxicas para los depredadores locales. Simplemente inserta un tarro de mermelada a ras de suelo y llénalo hasta la mitad con cerveza.

AHORRAR AGUA
EN EL JARDÍN

El agua que se utiliza en el exterior de la casa es la responsable del 7% de la cantidad total de agua potable que consume una vivienda media. Pero en puntos álgidos del verano esta cantidad puede ascender a más del 50%.

Para disfrutar de un espléndido jardín, no es preciso malgastar agua potable a gran escala. Un uso sensato de las provisiones de agua, recogiendo el agua de lluvia y utilizando las aguas grises de la ducha o de lavar los platos, ayuda a reducir el consumo. También puedes recortar la cantidad de agua que tu jardín necesita con plantaciones inteligentes.

Sigue estos consejos con el fin de tener un jardín más ecológico.

48 JARDINES DE SECANO

Planta variedades más resistentes a la sequía. Los arbustos de tallos leñosos soportan bien el clima seco. Entre otras plantas que puedes plantar se incluyen:

- *Budleya*
- Aliso
- Hierba gatera
- Romero
- Tomillo
- Geranios resistentes
- Lechetrezna *(Euphorbia)*
- Hortalizas de raíz (variedades *baby*)
- Guisantes
- Espinacas

Coloca un mantillo alrededor de las plantas para ayudar al suelo a retener la humedad. El abono de hojas es ideal como mantillo, al igual que el fibroso o la grava. Aplica el mantillo después de llover o de regar, cuando el suelo ya esté húmedo.

No te preocupes si el césped se vuelve de color marrón en verano. Se necesitaría más agua de la que el mundo puede permitirse para mantenerlo verde, y de todos modos se recuperará rápidamente tras la sequía. No lo cortes demasiado y de este modo conservará mejor la humedad.

Si tienes plantas en macetas, puede que necesiten riegos abundantes. Planta las especies que precisan de agua en abundancia en bolsas de cultivo, ya que éstas ayudan a retener mejor el agua.

UTILIZA AGUA CON SENSATEZ 49

Utiliza siempre una regadera en lugar de una manguera, ya que ésta puede consumir hasta 100 litros de agua en pocos minutos; los aspersores suelen ser incluso peor.

Si tienes un jardín muy grande, utiliza una manguera conectada a un tonel de agua a la que hayas acoplado una boquilla regulable con el fin de poder detener el flujo de agua al regar entre planta y planta.

Riega en la base de las plantas, no en las hojas. En el caso de árboles y arbustos frondosos, el mejor sitio para regarlos es en los extremos de las raíces (aproximadamente hasta donde se extienden los extremos de las ramas) en lugar de hacerlo junto al tronco.

Elige bien el momento del riego. Por la mañana temprano o por la tarde es el mejor momento, ya que el agua penetra directamente en el suelo sin que llegue a evaporarse por la acción de los rayos del sol.

50 ALTERNATIVAS AL AGUA DEL GRIFO

Las plantas prefieren en realidad agua de lluvia. Las aguas grises del hogar se pueden utilizar asimismo en el jardín para ahorrar más.

Recoger agua de lluvia

Un tonel de agua conectado al bajante del canalón permite recoger algunos de los miles de litros de agua que caen en el tejado de tu casa cada año.

Instalar un tonel de agua es bastante sencillo, y de hecho, se pueden unir varios toneles para recoger aún más agua. Los hay de medida estándar, por lo general los de plástico, que pueden contener entre 100 y 300 litros de agua de lluvia, en centros de jardinería. También hay modelos de tamaños más reducidos para patios.

Asegúrate de que el tonel tenga una tapa que los niños no puedan levantar y evita que se convierta en un criadero de insectos echando bolas o virutas de poliestireno, que flotan en la superficie del agua ¡otra magnífica forma de aprovechar envoltorios innecesarios! Coloca el tonel sobre una repisa de modo que debajo haya espacio suficiente para que quepa la regadera.

Si tienes un jardín en un balcón o en una pequeña terraza de azotea que no pueda soportar el peso de un tonel lleno, igualmente puedes recoger pequeñas cantidades de agua de lluvia colocando en el exterior regaderas.

Aguas grises

Las aguas grises son aguas provenientes de la casa que se han utilizado para lavar. Incluso con residuos de jabón se pueden usar sin problemas para regar el jardín. No obstante, evita regar con ellas hortalizas y frutales, por precaución.

Las aguas grises deberían utilizarse inmediatamente en lugar de almacenarlas, por lo que nunca las eches en el tonel de agua.

Coloca un balde junto a ti para recoger el agua que se escurra al ducharte, o bien compra un *kit* adaptador para la manguera, que la transforma en un sifón perfecto para transportar el agua de la bañera al jardín.

El agua jabonosa de lavar los platos es ideal para limpiar un sendero. Elimina los restos de comida que puedan haber quedado en el agua, viértela sobre las losas y, a continuación, friégalas para quitar la suciedad. Por supuesto, sería mejor para tu jardín que utilizaras detergente lavavajillas biodegradable fabricado con extractos de plantas.

INFORMACIÓN Y CONSEJOS

 ## CÓMO SER MÁS ECOLÓGICO EN EL HOGAR

Calefacción y refrigeración

La Dirección General de Industria, Energía y Minas, en Madrid ha publicado *Sistemas automáticos de calefacción con biomasa en edificios y viviendas*, guía práctica que analiza las posibilidades de utilización de la biomasa como fuente de energía para producción de calefacción y agua caliente sanitaria. Se puede acceder al texto desde la web.
www.madrid.org > Consejerías>Economía y Hacienda>D.G. de Industria, Energía y Minas

Grupo Nova Energía. Compañía distribuidora de diversas marcas de calderas para calefacción ecológica.
www.gruponovaenergia.com

Asociación Española de Valorización Energética de la Biomasa (AVEBIOM)
www.avebiom.org

Enysol Energía Solar se dedica a la distribución, diseño e instalación de energía solar térmica, fotovoltaica (aislada y conectada a red) y calefacción por suelo radiante.
www.enysol.com

Pequeñas instalaciones con energías renovables: eólica y solar fotovoltaica.
http://usuarios.lycos.es/ama/casa.htm

OptimizaSolar es una empresa que ofrece servicios especializados de optimización del rendimiento de las instalaciones de energía solar, entre ellos la limpieza de paneles solares.
www.optimizasolar.com/

AyudasEnergia.com. Noticias, guías y ayudas para mostrar el camino más fácil a todos los interesados en beneficiarse de la energía solar, la biomasa y el ahorro de energía.
www.AyudasEnergia.com

Aplesol. En su web pueden encontrarse documentos para consultar normativa o legislación sobre energías renovables, así como los procedimientos para solicitar los distintos tipos de subvenciones.
www.aplesol.com/descarga.asp

Construible.es. Todo sobre la construcción sostenible. Se basa en la adecuada gestión y reutilización de los recursos naturales y la conservación de la energía. Guía de empresas y productos.
www.construible.es/

Agenda de la Construcció Sostenible. Facilita información para tener una vivienda sostenible, con utilización de la luz natural y energías renovables, entre otras.
www2.csostenible.net/es_es

Asociación para el Desarrollo de la Casa Bioclimática. Ofrece servicios tanto a profesionales como a particulares. En este caso se trata de un servicio de orientación y ayuda.
www.casabioclimatica.com

Ahorro de electricidad
Instituto para la Diversificación y Ahorro de la Energía (IDAE). Organismo público de apoyo a la eficiencia energética. Su web dispone de bases de datos para consulta, que encontrarás dentro del apartado «Publicaciones».
www.idae.es

Institut Català d'Energia (ICAEN). Su misión es sensibilizar a la sociedad catalana sobre la necesidad de utilizar la energía de forma racional y eficiente, y promover la implantación de energías renovables. Hace campañas y actuaciones específicas dirigidas a los usuarios con el objetivo de reducir el consumo de electricidad.
www.icaen.net

Iberdrola. Compañía eléctrica que ofrece a través de su web un plan para reducir el consumo de electricidad doméstica.
www.iberdrola.es

Centro de Investigaciones Energéticas, Medioambientales y Tecnológicas, (CIEMAT). Apoya el desarrollo de fuentes energéticas renovables y aporta soluciones para mejorar la utilización de los recursos y sistemas de generación de la energía y su repercusión en el medio ambiente.
www.ciemat.es

CENTRICA. Esta empresa ofrece claves para la rentabilidad
y ahorro de energía.
www.centricaenergia.es

En la siguiente web encontrarás consejos para ahorrar electricidad
en el hogar.
www.malditahipoteca.com

Ecoestalvi ofrece consejos y soluciones para ahorrar gas y electricidad. Para conocer noticias relacionadas con el ahorro energético, consulta el bloc.
www.ecoestalvi.cat/index.html
http://ecoestalvi.bloc.cat

Electricidad verde
Iberdrola, líder mundial en energía verde
www.iberdrola.es

Asociación de Productores de Energías Renovables (APPA). Agrupa a más de doscientas pequeñas y medianas empresas que generan electricidad partiendo de fuentes de energía renovables.
www.appa.es

Asociación de Profesionales de las Energías Renovables en Cataluña (APERCA). Contiene una guía de empresas asociadas.
www.aperca.org

Grupo Nova Energia ofrece soluciones integrales de energías renovables o productos de alta eficiencia energética.
www.gne.polnetwork.biz

Solarweb.net. Portal dedicado a la energía solar y eólica editado por y para amantes de las energías renovables.
www.solarweb.net

Grup de Científics i Tècnics per un Futur no Nuclear (GCTPFNN).
www.energiasostenible.org

Revista *Energías renovables*. Medio muy completo sobre noticias temáticas relacionadas con las energías renovables.
www.energias-renovables.com/paginas/index.asp?

Ahorro de energía en la cocina

El Instituto para la Diversificación y Ahorro de la Energía (IDEA) ha publicado la *Guía práctica de la energía: consumo eficiente y responsable*, que incluye información y medidas de ahorro energético en el hogar y que puedes consultar en su web.
www.idae.es/index.php/mod.publicaciones/mem.listadoDestacadas/relmenu.73

Institut Català d'Energia (ICAEN). Elabora estudios, informes y recomendaciones de aplicación de tecnologías energéticas y hace campañas y actuaciones específicas, entre ellas el uso de electrodomésticos, dirigidas a los usuarios.
www.icaen.net

Ecoestalvi ofrece consejos y soluciones para ahorrar gas y electricidad en electrodomésticos. Para conocer noticias relacionadas con el ahorro energético, consulta el bloc.
www.ecoestalvi.cat/index.html
http://ecoestalvi.bloc.cat

Buenas Manos. Ofrece una serie de consejos y conductas fáciles de adoptar para conseguir un importante ahorro
http://www.enbuenasmanos.com/articulos/muestra.asp?art=968

REPSOL. En su web encontrarás un calculador energético, con el que podrás saber cuánta energía consume tu vivienda en calefacción, cocina y agua caliente.
www.repsol.com/sa/casahogar/calculadorenergetico

Terra.org. Ecología práctica. Ofrece diversas opciones de cocinas solares, además de recetas.
www.terra.org >Cocinas solares

La cocina con biogás. Información sobre cómo construir un biodigestor, la producción y el consumo del biogás.
http://es.geocities.com/tonyadry/biodigestor/index.htm

Alimentación inteligente

Alimentación Sana te ofrece información sobre alimentación y nutrición, además de diversos enlaces para ampliarla.
www.xtec.es/~mcatala6/alimsana/index.htm

Ecorganic. Agricultura ecológica; venta de productos naturales y alimentos biológicos.
www.ecorganicweb.com

Cultivos hortícolas Recapte te ofrece gran variedad de productos elaborados sin utilizar elementos químicos.
www.recapte.com

A través de las siguientes webs puedes adquirir productos naturales:
www.shopo.tv/huertoencasa
www.Ecoveritas.es
www.terra.org/html/s/producto
www.DirectNaranjas.com
www.tiendadefruta.es
www.freshandeasy.es

Vegetarianismo

Unión Vegetariana Española. Ofrece amplia información sobre el vegetarianismo.
www.unionvegetariana.org

Mundo Vegetariano. Información sobre la alimentación vegetariana.
www.mundovegetariano.com

Asociación Vida Sana. Agricultura ecológica y centro de documentación.
www.vidasana.org

Ahorrar agua en el hogar

Agua Dulce, Fundacion Ecologia y Desarrollo. Ahorro del agua, consumo del agua.
www.agua-dulce.org

Ecoestalvi ofrece en su web consejos y soluciones para ahorrar agua en el hogar. Para conocer noticias relacionadas con el ahorro de agua, consulte el bloc.
www.ecoestalvi.cat/index.html
http://ecoestalvi.bloc.cat

La Agència Catalana de l'Aigua (ACA) ha elaborado un documento sobre medidas para ahorrar agua, que incluye además un apartado dedicado al aprovechamiento de las aguas pluviales y que puedes consultar a través de su web.
www.gencat.cat/aca

Instituto Tecnológico del Agua. Se puede contactar para conocer sus trabajos y actividades destinadas a conseguir una gestión más eficiente y sostenible del agua en el entorno urbano.
www.ita.upv.es/index-es.php

Reutilizar y reciclar
La cultura de las erres (Reducir, Reutilizar, Reciclar y otras): Esta web te ofrece información acerca de la minimización de residuos, el reciclaje y la educación ambiental.
www.fing.edu.uy/servadm/plandeobras/erres.html

Directorio de Reciclaje es un portal temático cuyo objetivo es centralizar en una sola web la mayor información existente sobre el reciclaje, y ser punto de encuentro de todos aquellos particulares y empresas interesados en la recuperación y gestión de los residuos en general.
www.redcicla.com/index.htm

Agenda de la Construcció Sostenible. Facilita información para tener una vivienda sostenible, con equipamientos para la recogida selectiva y aprovechamiento del agua, entre otras.
www2.csostenible.net/es_es

Limpiar de forma más ecológica
En Mujeractual.com encontraras información sobre alternativas ecológicas para la limpieza del hogar.
www.mujeractual.com/familia/temas/ecologia2.html

Terra.org. A través de su web podrás adquirir productos de limpieza ecológicos.
www.terra.org/html/s/producto/vida/magatzem/sprv0007.html

CÓMO SER MÁS ECOLÓGICO EN EL JARDÍN

Consejos de jardinería
Biohabitat, la tienda virtual de la Fundación Tierra, ofrece productos para biojardinería.
http://biohabitat.terra.org/

Centro Rural de Información Europea (CRIE). Desarrollo rural, proyectos rurales, agricultura ecológica, huerto ecológico, revista *Ruralia*.
www.criecv.org

Semillas Silvestres S.L. Semillas autóctonas ibéricas para la conservación de la biodiversidad, plantas aromáticas, especies herbáceas anuales o perennes para jardinería mediterránea y agricultura biológica.
www.semillassilvestres.com

Compostadores.com. Venta de compostadores y farolas solares; información sobre vermicompostaje; boletín electrónico.
www.compostadores.com

Jardines Palancia, Agricultura urbana, cultivo ecológico.
www.jardinespalancia.com

Ayudar a la fauna silvestre del jardín
Plantas para un Futuro. Se trata de plantas útiles, ya sea en el campo o en el jardín. Además, esta forma de cultivo ofrece una gran diversidad de nichos ecológicos para nuestra flora y fauna nativa.
www.pfaf.org/leaflets/es/intro.php

Centre de Biodiversitat. Te ofrece amplia información sobre la biodiversidad en el jardín.
www.iea.ad/cbd/pag%20nens/nens%20jard%C3%AD.htm

Oryx, la tienda de los amantes de la naturaleza, en la que a través de su web puedes adquirir productos diversos para la fauna silvestre de tu jardín, además de libros sobre el tema, entre los cuales *La naturaleza en tu jardín*.
www.weboryx.com/phtml/index.phtml

Proyecto Orenetes. Iniciativa de la Fundación Territori i Paisatge para el estudio y censo de estas aves en el entorno urbano, en el que puedes colaborar.
www.orenetes.cat

Ahorrar agua en el jardín
Centre de Jardineria l'Alzinar. En su web encontrarás información sobre cómo tener un jardín sostenible, plantas para ahorrar agua y consejos para ahorrar agua en general.
www.alzinar.com

Ecoestalvi ofrece consejos y soluciones para ahorrar agua en el jardín. Para conocer noticias relacionadas con el ahorro de agua, consulta el bloc.
www.ecoestalvi.cat/index.html
http://ecoestalvi.bloc.cat

Semillas Silvestres S.L. Semillas autóctonas ibéricas para la conservación de la biodiversidad, plantas aromáticas, especies herbáceas anuales o perennes para jardinería mediterránea y agricultura biológica.
www.semillassilvestres.com

Plantas para un Futuro. Se trata de plantas útiles que ofrecen, además, una gran diversidad de nichos ecológicos para nuestra flora y fauna nativa.
www.pfaf.org/leaflets/es/intro.php

Productos respetuosos con el medio ambiente
«La desinfección del suelo por energía solar». Si cultivas un huerto, este sistema te puede ayudar a librarte de las plagas sin la utilización de fungicidas o insecticidas.
www.ivia.es/~vcebolla/solariza/solariza.htm

Infoagro. Agricultura ecológica, semillas, tecnología agrícola, productos agrícolas, publicaciones.
www.infoagro.com

Compostadores.com. Venta de compostadores, información sobre vermicompostaje, boletín electrónico.
www.compostadores.com